中国理论优势十八讲

任初轩 编

人民日报出版社 北京

图书在版编目（CIP）数据

中国理论优势十八讲 / 任初轩编. —北京：人民日报出版社，2022.2
ISBN 978-7-5115-7269-1

Ⅰ.①中… Ⅱ.①任… Ⅲ.①中国特色社会主义理论体系—文集 Ⅳ.①D610-53

中国版本图书馆CIP数据核字（2022）第 022021 号

书　　名：	中国理论优势十八讲 ZHONGGUO LILUN YOUSHI SHIBAJIANG
作　　者：	任初轩
出 版 人：	刘华新
策 划 人：	欧阳辉
责任编辑：	周海燕　马苏娜
装帧设计：	元泰书装
出版发行：	人民日报出版社
社　　址：	北京金台西路 2 号
邮政编码：	100733
发行热线：	（010）65369509　65369527　65369846　65363528
邮购热线：	（010）65369530　65363527
编辑热线：	（010）65369518
网　　址：	www.peopledailypress.com
经　　销：	新华书店
印　　刷：	大厂回族自治县彩虹印刷有限公司
法律顾问：	北京科宇律师事务所　（010）83622312
开　　本：	710mm×1000mm　1/16
字　　数：	210 千字
印　　张：	17.5
版次印次：	2022 年 3 月第 1 版　2022 年 10 月第 2 次印刷
书　　号：	ISBN 978-7-5115-7269-1
定　　价：	48.00 元

代　序

不断推进马克思主义中国化时代化

一个民族要走在时代前列，就一刻不能没有理论思维，一刻不能没有正确思想指引。习近平总书记强调："马克思主义之所以行，就在于党不断推进马克思主义中国化时代化并用以指导实践。"党的十九届六中全会通过的《中共中央关于党的百年奋斗重大成就和历史经验的决议》，对百年奋斗历程中党不断推进马克思主义中国化时代化作了全面总结，把坚持理论创新概括为党百年奋斗的十条历史经验之一。

回望党的百年奋斗历程，在新民主主义革命时期，我们党创立了毛泽东思想，是马克思主义中国化的第一次历史性飞跃；在改革开放和社会主义现代化建设新时期，我们党创立了邓小平理论，形成了"三个代表"重要思想、科学发展观，形成中国特色社会主义理论体系，实现了马克思主义中国化新的飞跃；在中国特色社会主义新时代，我们党创立了习近平新时代中国特色社会主义思想，实现了马克思主义中国化新的飞跃。我们党的历史，就是一部不断推进马克思主义中国化的历史，就是一部不断推进理论创新、进行理论创造的历史。实践充分证明，马克思主义深刻改变了中国，中国也极大丰富了马克思主义。

进入新时代，我们党面临形势环境的复杂性和严峻性、肩负任务的繁重性和艰巨性世所罕见、史所罕见。习近平总书记对关系新时代党和国家事业发展的一系列重大理论和实践问题进行了深邃思考和科学判断，就新时代坚持和发展什么样的中国特色社会主义、怎样坚持和发展中国特色社会主义，建设什么样的社会主义现代化强国、怎样建设社会主义现代化强国，建设什么样的长期执政的马克思主义政党、怎样建设长期执政的马克思主义政党等重大时代课题，提出一系列原创性的治国理政新理念新思想新战略，是习近平新时代中国特色社会主义思想的主要创立者。党的十九届六中全会决议在十九大报告"八个明确"的基础上，用"十个明确"对习近平新时代中国特色社会主义思想的核心内容作了进一步概括。党和国家事业取得历史性成就、发生历史性变革，最根本的原因在于有习近平总书记作为党中央的核心、全党的核心掌舵领航，在于有习近平新时代中国特色社会主义思想科学指引。实践充分证明，习近平新时代中国特色社会主义思想是当代中国马克思主义、二十一世纪马克思主义，是中华文化和中国精神的时代精华，是马克思主义中国化最新成果。

马克思主义为人类社会发展进步指明了方向，是我们认识世界、把握规律、追求真理、改造世界的强大思想武器。同时，马克思主义理论不是教条，而是行动指南，必须随着实践的变化而发展。必须深刻认识到，马克思主义能不能在实践中发挥作用，关键在于能否把马克思主义基本原理同中国实际和时代特征结合起来。当代中国正在经历人类历史上最为宏大而独特的实践创新，改革发展稳定任务之重、矛盾风险挑战之多、治国理政考验之大都前所未有，世界百年未有之大变局深刻变化前所未有，提出了大量亟待回答的理论和实践课题。我们要准确把握时代大势，勇于站在人类发展前沿，聆听人民心声，回应现实需要，坚持解放思想、实事求是、守正创新，更好把坚持马克思主义和发展马克思主义统一起来，坚持用马克思主义之"矢"去射新时代中国之"的"，继续推进马克思主义基本原理同中国具体实际相结合、同中华优秀传统文化相结合，续写马克思主义中国化时代化新篇章。

回望过往的奋斗路，中国共产党之所以能够领导人民在一次次求索、一次次挫折、一次次开拓中完成中国其他各种政治力量不可能完成的艰巨任务，根本在于坚持解放思想、实事求是、与时俱进、求真务实，坚持把马克思主义基本原理同中国具体实际相结合、同中华优秀传统文化相结合，坚持实践是检验真理的唯一标准，坚持一切从实际出发，及时回答时代之问、人民之问，不断推进马克思主义中国化时代化，用马克思主义中国化的科学理论引领伟大实践。奋进新征程、建功新时代，我们要全面贯彻习近平新时代中国特色社会主义思想，用马克思主义的立场、观点、方法观察时代、把握时代、引领时代，继续发展当代中国马克思主义、二十一世纪马克思主义，让马克思主义在中国大地上展现出更强大、更有说服力的真理力量，奋力夺取全面建设社会主义现代化国家新胜利。

目　录

1. 坚持和丰富中国特色社会主义理论体系
   ………………………………………… 秦　宣 / 005

2. 只有中国特色社会主义才能发展中国
   ………………………………………… 杨胜群 / 017

3. 对中国特色社会主义理论体系的丰富和发展
   ………………………………………… 王伟光 / 032

4. 今天，我们需要什么样的政治经济学
   ………………………………………… 刘　伟 / 044

5. 不断谱写中国特色大国外交新篇章
   ………………………………………… 杨洁勉 / 058

6. 不断开辟21世纪马克思主义发展新境界
   ………………………………………… 徐光春 / 071

7. 让理论永远跟上时代
   ………………………………………… 冯鹏志 / 085

8. 党的十九大最重大的理论成就
   ………………………………………… 李洪峰 / 102

9. 用习近平新时代中国特色社会主义思想武装全党
　　………………………………………………… 石仲泉 / 118

10. 划时代的思想火炬
　　………………………………………………… 甄占民 / 135

11. 不断开辟马克思主义新境界
　　………………………………………………… 方　立 / 148

12. 改革开放 40 年理论创新的逻辑脉络
　　………………………………………………… 颜晓峰 / 162

13. 习近平新时代中国特色社会主义思想的理论特色
　　………………………………………………… 黄一兵 / 181

14. 马克思主义中国化的最新成果
　　………………………………………………… 曲青山 / 199

15. 深刻领悟党的创新理论最新成果的理论品格
　　………………………………………………… 李　捷 / 214

16. 增强用党的创新理论武装全党的政治自觉
　　………………………………………………… 李君如 / 230

17. 不断推动中国特色社会主义创新发展
　　………………………………………………… 何毅亭 / 244

18. 深刻认识"两个确立"的重大意义
　　………………………………………………… 马建堂 / 262

 理论自信

五千年中华文明的当代凝聚

一般来说,新理论的产生需要具备三个条件:历史渊源、现实基础、理论创造。中国理论的产生和发展同样如此,它具有五千多年中华文明的历史渊源。正是这一历史渊源,为中国理论自信奠定了深厚的历史文化基础。

实现中华民族伟大复兴的中国梦必须走中国道路。这条道路来之不易,是在改革开放40多年的伟大实践中走出来的,是在中华人民共和国成立70多年的持续探索中走出来的,是在对近代以来180多年中华民族发展历程的深刻总结中走出来的,是在对中华民族五千多年悠久文明的传承中走出来的,具有深厚的历史渊源和广泛的现实基础。这虽然指的是中国道路,但同样适用于中国理论。因为,中国理论既是中国特色社会主义道路、理论体系、制度、文化"四位一体"中的一个方

面，又是对中国特色社会主义的整体反映，从理论上把中国道路、中国制度、中国文化的内容包含在其中。

人类对理想社会的憧憬和追求源远流长、连绵不绝。中华民族从久远年代起，就一直在憧憬和追寻着富裕和谐的理想社会，形成了丰富的理论和实践成果。《礼记》中有关于理想社会的描绘，其中"大道之行也，天下为公"是人们耳熟能详的名句。东晋陶渊明的《桃花源记》，体现着农耕文明中人们对理想社会的想象。中国历史上的农民起义，大都包含对"等贵贱，均贫富"的渴望。康有为撰写的《大同书》，吸取了西方空想社会主义的思想，对自己心目中的理想社会作了详细描写。所有这些，均体现了中华民族对理想社会的想象和追求。由此可以说明，为什么以共产主义理想为核心旨归的科学社会主义传入中国后，能够迅速为中国人民所接受，并最终建立起社会主义制度。只要我们不割断历史就能发现，中国特色社会主义事业及其理论成果体现了数千年来中华民族对理想社会的憧憬和追求。

对于中国理论的民族特色，可以从中华文明的特质中去把握。中华文明有自己独特的发展道路和民族特色。它是中国大地上各民族共同创造并推进的文明，是中华民族悠久历史的凝聚和中国人民勤劳智慧的结晶。这一古老文明绵延五千多年，从未中断。虽然其历程不可能一帆风顺，走过的道路也充满着曲折和艰辛，但是这条文明之路走通了。这条道路和这个文明，深深地打上了中华儿女共同奋斗的历史印记：不论是"多元一体"的民族文化构成，还是"差序格局"的社会关系，以及"重仁爱、讲民本、守诚信、崇正义、尚和合、求大同"的价值追求等，都是中华民族和中华文明的独有特征。而所有这些，经过历史的传承都已融入中国特色社会主义事业中，反映为中国理论的民族特色。

中国理论中的许多思想均可在中华优秀传统文化中找到源头，中华优秀传统文化中的许多内容又在中国理论中得到新的升华。中华传统文化博大精深，尤其是在治国理政方面具有极为丰富的思想资源。中国共产党人十分注重从中华优秀传统文化中吸取治国理政智慧。毛泽东同志善于结合现实来阐释古老智慧，用"实事求是"这一古语来概括党的思想路线，成为典范之举。邓小平同志用"小康社会"来标志当代中国发展的阶段性目标，精准而符合民族认同。江泽民同志运用古诗词来阐述廉政的道理，胡锦涛同志提出构建"和谐社会"，都体现了中华智慧。习近平总书记在阐述治国理政思想时，大量引用中华优秀传统文化中的相关格言警句和思想理念，并使之上升到时代的高度。

中华文明不仅属于过去，也属于现在和未来。它具有顽强和充沛的生命力，不仅要在新时代延续历史的生命，而且要在实现中华民族伟大复兴中国梦的过程中创造新的辉煌。它就像一棵参天大树，根深叶茂、苍劲有力，在迎接新挑战中更加生机勃勃，焕发出新活力。中国理论作为这棵大树上最灿烂的新花，展现着古老大树新风貌，也必将在这棵大树上结出自己丰硕果实。

坚持和丰富中国特色社会主义理论体系

秦　宣

党的十八大报告指出："中国特色社会主义理论体系，就是包括邓小平理论、'三个代表'重要思想、科学发展观在内的科学理论体系，是对马克思列宁主义、毛泽东思想的坚持和发展"，"中国特色社会主义理论体系是行动指南"。这些重要论述深刻阐明了中国特色社会主义理论体系对于坚持和发展中国特色社会主义的重大意义。坚定不移沿着中国特色社会主义道路前进，为全面建成小康社会而奋斗，要求我们更好地坚持和丰富中国特色社会主义理论体系。

倍加珍惜、始终坚持

中国特色社会主义理论体系是马克思主义中国化的最新成果，是指导党和人民沿着中国特色社会主义道路实现中华民族伟大复兴的科学理论。我们应该倍加珍惜、始终坚持这个理论体系。

坚持中国特色社会主义理论体系，必须充分发挥科学理论武装头脑、指导实践的巨大作用，用这一理论体系统一全党全国人民的思想。必须坚持马克思主义的指导地位不动摇，坚持用发展着的马克思主义指导实践，不断巩固马克思主义在意识形态领域的指导地位；坚持用中国特色社会主义理论体系武装全党、教育人民，推动党员、干部和人民群众深刻领会中国特色社会主义理论体系的科学内涵和精神实质，掌握贯穿其中的马克思主义立场、观点、方法；大力弘扬理论联系实际的学风，引导党员、干部把学习中国特色社会主义理论体系同研究解决实际问题结合起来，让科学理论在实践中发挥巨大威力；进一步加强和改进高校思想政治理论课建设，加快构建充分体现马克思主义中国化最新成果的哲学社会科学学科体系和教材体系，更好地推进中国特色社会主义理论体系进教材、进课堂、进头脑。

坚持和丰富中国特色社会主义理论体系面临难得机遇

当今世界正在发生广泛而深刻的变化，当代中国正在发生广泛而深刻的变革。当前，坚持和丰富中国特色社会主义理论体系面临十分难得的机遇。

从国际看，随着国际金融危机的蔓延，国外马克思主义和社会主义研究出现新的热潮，不少西方学者开始从马克思的思想中寻找走出危机的出路，从社会主义理论中寻找资本主义的替代方案。这为我国学者推进理论创新、坚持和丰富中国特色社会主义理论体系创造了良好的外部环境。

从国内看，改革开放以来，我国经济社会发展取得了举世瞩目的伟大成就，社会主义经济建设、政治建设、文化建设、社会建设、生态文明建设全面推进，党的建设新的伟大工程成效显著。建设中国特色社会主义的伟大实践、中国特色社会主义道路的成功经验、改革开放30多年积累的丰富经验和党的十六大以来形成的新鲜经验，为推进理论创新、坚持和丰富中国特色社会主义理论体系开辟了广阔天地，提供了宝贵资源。只要我们立足实践的新发展不断作出新的理论概括，就能不断坚持和丰富中国特色社会主义理论体系。目前，随着我们党大力推进马克思主义中国化、时代化、大众化，中国特色社会主义理论体系研究正处在承前启后、继往开来、与时俱进的重要时期，面临极好的机遇。

坚持和丰富中国特色社会主义理论体系的着力点

当前，国际形势风云变幻，国内改革发展稳定任务繁重。坚持和丰富中国特色社会主义理论体系，对于我们党团结带领人民继续前进，开创工作新局面，取得事业新胜利，具有根本性意义。坚持和丰富中国特色社会主义理论体系，应把握好以下几个着力点。

立足改革开放实践。中国特色社会主义理论体系是马克思主义基本原理同我国具体实际和时代特征相结合产生的理论成果，没有改革开放波澜壮阔的伟大实践就不可能产生中国特色社会主义理论体系。因此，坚持和丰富中国特色社会主义理论体系，应立足我国改革开放的伟大实践。应紧紧围绕科学发展这一主题，从理论上深入分析我国发展面临的新情况新问题，研究解决制约科学发展的突出矛盾，在加快转变经济发展方式、推进社会主义民主政治建设、推动社会主义文化大发展大繁荣、加强和创新社会管理、节约资源和保护环境等方面取得重要研究成果，为进一步推进经济、政治、文化、社会体制改革和生态文明制度建设，实现全面协调可持续发展提供理论支持。

充分反映时代要求。中国特色社会主义理论体系是马克思主义基本原理同时代特征相结合、对时代潮流和世界发展新趋势进行科学分析基础上产生的理论成果。坚持和丰富中国特色社会主义理论体系，必须始终站在时代前列，敏锐把握时代特征，充分反映时代要求。为此，必须准确把握当今时代和当今世界的特点，从国际国内的相互联系中把握发展大势、创新发展理念、完善发展战略、争创发展新优势，使中国特色社会主义理论体系始终体现时代要求，使中国特色社会主义道路越走越宽广，使中国特色社会主义制度越来越完善，使全国各族人民对中国特色社会主义的自信心和自豪感越来越强。

大力推进理论创新。实践发展永无止境，理论创新也永无止境。坚持和丰富中国特色社会主义理论体系，应坚持解放思想与实事求是的有机统一，积极推进实践基础上的理论创新。为此，应树立高度的理论自觉和理论自信，牢牢把握推进马克思主义中国化、时代化、大众化这一重大课题，坚持运用马克思主义立场、观点、方法，准确把握当今世界发展大势，准确把握我国社会主义初级阶段基本国情，准确把握经济社会发展的新情况新要求，不断作出新的理论概括，为推动党和国家事业发展提供有力思想保证和理论指导；不断丰富我国哲学社会科学的学术思想和理论体系，不断概括出理论联系实际的、科学的、开放融通的新概念、新范畴、新表述，努力形成有中国特色、中国风格、中国气派的学术话语体系，为中国特色社会主义事业发展提供坚实的理论支撑。

善于总结实践经验。中国特色社会主义理论体系是对建设社会主义正反两方面经验进行认真总结的成果，坚持和丰富这一理论体系必须不断总结社会主义建设和人民群众创造的实践经验。应进一步总结我们党90多年来特别是改革开放以来理论建设的宝贵经验，不断深化对新形势下理论工作特点和规律的认识，使党的理论建设更好地体现时代性、把握规律性、富于创造性；全面系统地概括和总结我们党90多年来加强党的建设的历史经验和新鲜经验，深化对共产党执政规律的认识；深刻揭示和阐释我国改革开放和社会主义现代化建设的成功经验，深化对社会主义建设规律的认识；积极借鉴人类文明的有益成果和国外现代化建设的先进经验，深入总结人民群众的实践创造和鲜活经验，深化对人类社会发展规律的认识；积极对国际社会广泛关注的中国道路作出科学概括和论述，扩大中国经验的国际影响。

《人民日报》（2012年11月28日）

★ 拓展阅读

"四性"呈现中国理论鲜明特色

在新进中央委员会的委员、候补委员学习贯彻党的十八大精神研讨班上的重要讲话中,习近平总书记透过500年大跨度和6个时间段,从理论和实践的结合上,讲清了中国特色社会主义是怎么来、怎么往前走的。纵观社会主义500年历史,从中我们可以看出,同实践发展历程一样,中国特色社会主义理论体系是经过艰辛探索创立的,既有坚实的实践基础,又有深厚的理论渊源,体现了鲜明的实践特色、理论特色、民族特色、时代特色。

开创性,开辟了马克思主义中国化的新境界。中国特色社会主义理论体系,是中国共产党运用马克思主义解决中国问题而形成的。回想我们党提出的一系列新思想、新观点,无一不体现了中国创造,讲出了中国话语。比如,社会主义初级阶段理论,科学阐明了在中国这样经济文化落后的东方大国建设社会主义的根本依据。又如,社会主义市场经济理论,从根本上解除了把计划经济等同于社会主义、把市场经济等同于资本主义的思想束缚。再如，社会主义本质论、社会主义政治文明、社会主义和谐社会、社会主义核心价值观、社会主义生态文明等，在马克思主义发展史上都具有重大创新意义。可以说，中国特色社会主义理论体系，以全新的视野深化了对共产党执政规律、社会主义建设规律、人类社会发展规律的认识，写出了科学社会主义的"新版本"，具有鲜明的中国特色。

继承性，坚持了科学社会主义基本原则。中国特色社会主义理论体系，讲出了具有时代特点的新话，但并没有丢掉老祖宗。它延续了500年来人类探索社会主义的思想脉络，传承了科学社会主义的精髓要义。例如，坚持共产主义最高理想、无产阶级政党领导、以公有制和按劳分配为社会主义经济制度的基础，人民是历史的创造者以及实现人的全面发展等，这些科学社会主义基本原则，都始终贯穿于这个理论体系之中。同时要看到，改革开放前30年探索建设社会主义的理论成果，如关于社会主义社会基本矛盾和主要矛盾、正确处理社会主义建设重大关系、正确处理人民内部矛盾等，都在这一理论体系中得到了坚持和发展。在这个问题上，不能割断历史，更不能搞历史虚无主义。可以说，中国特色社会主义理论体系一以贯之地遵循了科学社会主义基本原则，是社会主义而不是其他什么主义。

实践性，植根于实践又对实践发挥着强大指导作用。创立和发展中国特色社会主义理论体系的过程，是总结实践经验的过程，也是用这一理论体系指导和推动改革发展的过程。同时，新鲜生动的伟大实践又在检验着最新理论，有力证明了中国特色社会主义理论体系的科学真理性。新时期以来，党的历次代表大会，都在对改革开放进行阶段性经验总结的基础上，对中国特色社会主义理论作出新的概括，同时又强调用科学理论武装头脑、指导实践、推动工作的任务。例如，党的十四大提出认真学习建设有中国特色社会主义的理论，党的十五大提出兴起学习邓小平理论新高潮，党的十六大提出兴起学习贯彻"三个代表"重要思想新高潮，党的十七大提出深入学习贯彻中国特色社会主义理论体系、深入学习实践科学发展观，党的十八大提出用中国特色社会主义理论体系武装全党、教育人民。理论创新和理论武装两轮齐驱，理论对实践的指导作用充分发挥，实践的成就又彰显理论的巨大威力。

开放性，随着时代、实践和科学的发展而不断与时俱进。建设中国特色社会主义，是长期的历史任务，需要一步一步向前推进。与之相伴随，必然会不断形成相应的理论成果。例如，邓小平理论、"三个代表"重要思想、科学发展观，就是在改革开放新时期的不同阶段实践中产生的，三者在理论主题、思想基础、政治理想、根本立场上一脉相承，同时又根据新的实践，借鉴各国治国理政有益经验，科学回答了面临的新课题，作出了各自独特的理论贡献，是相互贯通又层层递进的关系。

理论自信

社会主义五百年的理论结晶

社会主义的最初形态,是1516年出现的空想社会主义。19世纪末20世纪初,科学社会主义传入中国。社会主义在中华民族危亡之际挽救了中国,在新中国成立之后发展了中国。当前,我国人民正在习近平新时代中国特色社会主义思想指导下,信心十足地为实现中华民族伟大复兴的中国梦而奋斗。中国人民对中国理论的自信,建基于自己的历史和实践,也建基于世界社会主义五百年的发展进程。

科学社会主义理论是实现中华民族伟大复兴的思想武器。空想社会主义尖锐地批判了资本主义,对人类社会的未来进行了伟大构想;但由于时代的局限,在长达300多年里人类没有找到实现社会主义的现实力量和途径。19世纪40年代,马克思、恩格斯使社会主义由空想变成科学,他们创立的科学社会

主义逐步为广大工人、群众所接受。19世纪70年代后，科学社会主义在世界工人运动中占据主导地位，影响也由西欧扩展到经济文化比较落后的东方国家。19世纪末20世纪初，科学社会主义传入中国。中国先进分子从十月革命看到了国家的前途和希望，他们翻译、研究、宣传科学社会主义理论，并以这一理论为指导，建立了中国共产党。从此，中国共产党人开始用科学社会主义理论解决国家和人民的现实问题，科学社会主义理论成为实现中华民族伟大复兴的思想武器。

　　同中国革命实践相结合，使科学社会主义理论再次显示了改变世界的强大威力。中国革命既没有照搬西方"民主革命"模式，也与俄国革命不完全相同，而是实行由工人阶级领导、以社会主义为前途的新民主主义革命。由于中国是一个农民占人口绝大多数的东方大国，在革命中建立的国家政权是基础更加广泛尤其是有民族资产阶级参加的人民民主专政。显而易见，中国从半殖民地半封建社会的实际出发创造的革命经验，丰富了科学社会主义理论。科学社会主义理论同中国革命实践有机结合产生的中国革命理论，不但指引中国新民主主义革命取得伟大胜利，而且对亚非拉国家的共产党领导本国人民争取独立解放也产生了重大影响。第二次世界大战后，亚非拉国家民族社会主义解放运动蓬勃兴起，与中国革命理论产生的影响是密不可分的。

中国理论是世界社会主义走向复兴的中流砥柱。科学社会主义由理论变为现实的社会制度后，面临的新问题是在经济文化比较落后国家如何建设社会主义。列宁在小农占人口多数的俄国首先开始了对这一问题的探索，并提出了以新经济政策为核心的社会主义建设思路。为适应形势发展需要，1929年斯大林形成了建设社会主义的另一种思路，也就是"苏联模式"。"苏联模式"虽然适应当时苏联的生存与发展，为取得反法西斯战争胜利发挥了重要作用，但也存在诸多弊端。从20世纪50年代开始，苏联和大多数社会主义国家对其进行了调整和改革。在总结包括"苏联模式"在内的历史经验教训基础上，我国改革开放后进行系统的理论探索，提出了社会主义初级阶段理论、社会主义市场经济理论和"一国两制"理论等；并从我国处于社会主义初级阶段的实际出发，对传统的计划经济体制进行改革，对中国的现代化建设进行新的设计，在实践中逐步形成了"一个中心、两个基本点"的基本路线，开创了中国特色社会主义道路，形成了中国特色社会主义理论体系和制度体系。正是由于我国在中国特色社会主义理论体系指引下，成功开启改革开放伟大进程，并取得举世瞩目的成就，使我国不仅经受住了苏东剧变的严重冲击，而且成为坚持和发展科学社会主义的中流砥柱。与此同时，也正是由于中国在理论和实践上成功解决了经济文化比较落后国家如何建设社会主义这个关乎世界社会主义兴衰成败的问题，其他社会主义国家才以中国理论和实践为借鉴，探索适合本国实际、具有自己特色的社会主义建设道路。

中国特色社会主义进入新时代，以习近平同志为主要代表的中国共产党人，坚持把马克思主义基本原理同中国具体实际相结合、同中华优秀传统文化相结合，坚持毛泽东思想、邓小平理论、"三个代表"重要思想、科学发展观，深刻总结并充分运用党成立以来的历史经验，从新的实际出发，创立了习近平新时代中国特色社会主义思想。党的十八大以来，我们党和国家事业之所以取得历史性成就、发生历史性变革，最根本的原因在于有习近平总书记作为党中央的核心、全党的核心掌舵领航，在于有习近平新时代中国特色社会主义思想科学指引。

只有中国特色社会主义才能发展中国

杨胜群

党的十八大胜利闭幕后不久,习近平总书记指出,中国特色社会主义是中国共产党和中国人民团结的旗帜、奋进的旗帜、胜利的旗帜,要把坚持和发展中国特色社会主义作为学习、贯彻党的十八大精神的聚焦点、着力点、落脚点。此后,习近平总书记就坚持和发展中国特色社会主义多次进行深入阐发,深刻揭示了中国特色社会主义的理论渊源、历史渊源及其时代性、实践性和科学性。这对我们从理论和实践上坚持和发展中国特色社会主义具有重要指导意义。

中国特色社会主义是一百多年来
科学社会主义理论与实践发展的结晶

习近平总书记指出,"中国特色社会主义,是科学社会主义理论逻辑和中国社会发展历史逻辑的辩证统一。"中国特色社会主义既坚持了科学社会主义的基本原则，又根据时代条件赋予其鲜明的中国特色，是一百多年来科学社会主义理论与实践发展的结晶，是当代中国的科学社会主义。

19世纪中叶，马克思、恩格斯创立科学社会主义理论，使社会主义实现了从空想到科学的伟大飞跃。科学社会主义揭示了资本主义产生、发展、灭亡的历史必然性，对未来社会主义社会的发展方向、发展过程和一般特征作了科学预测和设想。马克思、恩格斯生活的时代，社会主义缺乏实践的条件，使他们来不及也不可能对社会主义的具体形式和具体细节作出更具体的设计。同时，他们明确地反对教条式地规定未来社会主义的具体形式和具体细节，强调科学社会主义原则的运用要以具体的历史条件为转移。这就为科学社会主义理论和实践的发展开辟了广阔前景。

上世纪初，列宁成功地将马克思主义的基本原理与俄国具体实际相结合，领导十月革命取得伟大胜利，建立了世界上第一个社会主义国家，实现了科学社会主义从理论到实践的伟大飞跃。同马克思、恩格斯一样，列宁也反对把现有的理论"看做某种一成不变的神圣不可侵犯的东西"，认为"社会党人如果不愿落后于实际生活，就应当在各方面把这门科学推向前进。"在没有先例可循的情况下，列宁对如何实践社会主义作了开创性的探索，丰富、发展了科学社会主义理论。

新中国成立后，中国共产党领导人民开始社会主义革命和建设的伟大实践。在只有"苏联模式"可学的情况下，在开始进行社主义建设时我们走了照搬苏联经验的路子。但是，我们党很快就觉察到"苏联模式"的种种弊端，果断决定独立探索适合中国国情的社会主义建设道路。这一探索尽管出现过脱离实际的严重失误，但还是取得了巨大的成绩，形成了关于社会主义建设的许多独创性的理论成果和实践成果。

在新的历史时期，我们党坚持解放思想、实事求是，深刻总结历史经验教训，正确判断时代主题和基本国情，经过30多年的努力，形成了中国特色社会主义道路、中国特色社会主义理论体系、中国特色社会主义制度三位一体的伟大成果，取得了中国特色社会主义建设的巨大成就。

中国特色社会主义之所以是社会主义而不是别的什么主义，就在于它始终坚持以科学社会主义的基本原则为理论源泉和理论核心。邓小平同志在改革开放之初就明确指出："现在我们搞四个现代化，是搞社会主义的四个现代化，不是搞别的现代化"；公有制为主体、按劳分配、共同富裕等，"我们就是要坚决执行和实现这些社会主义的原则。"科学社会主义创始人对社会主义的设想和他们提出的科学社会主义基本原则的最终实现，需要一个过程。我们党始终将其作为核心价值追求，始终将其作为进行改革开放和实践创新、理论创新、制度创新的"魂"。这样一种追求，这样的"魂"，鲜明地体现在改革开放新时期我们党所制定的路线、方针、政策中。

中国特色社会主义成为当代中国的科学社会主义，关键在于它的"中国特色"。我们党既坚持科学社会主义的基本原则，坚决反对和抵制偏离社会主义方向的错误思潮；又吸取不顾历史条件生搬硬套本本的历史教训，破除对科学社会主义基本原则的教条式理解，而真正将其与当代中国的具体实际结合起来，从而形成了鲜明的"中国特色"。当代中国最大的实际是处于社会主义初级阶段，搞社会主义的根本任务是发展社会生产力。这样，我们进行的改革开放，包括发展社会主义市场经济，借鉴吸收西方资本主义国家有益的东西等，都是围绕在社会主义条件下发展社会生产力这一根本任务的。而发展社会生产力，正是科学社会主义要义。因此，这种"中国特色"既是对科学社会主义的坚持，又是对科学社会主义的丰富和发展。

中国特色社会主义是近代以来中国社会发展的必然选择

习近平总书记指出，"一个国家实行什么样的主义，关键要看这个主义能否解决这个国家面临的历史性课题。历史和现实都告诉我们，只有社会主义才能救中国，只有中国特色社会主义才能发展中国，这是历史的结论、人民的选择。"这一重要论述表明：中国特色社会主义是近代以来中国社会发展的必然选择。

1840年鸦片战争以后，中国逐步沦为半殖民地半封建社会，陷入国弱民穷的深重灾难。许多志士仁人为救国救民、振兴中华进行了各种各样的探求和尝试，但都由于不可避免的历史局限性而归于失败。洋务派搞师夷长技以制夷，但清朝军队在有了洋枪洋炮以后照样一败涂地。资产阶级改良派想用"补缀"的办法挽救清王朝大厦于将倾，最终也以失败告终。孙中山先生领导的辛亥革命推翻了两千多年的封建帝制，极大地推动了社会进步，但未能改变国家和人民的悲惨命运。

辛亥革命以后，中国的有识之士开始了更为广泛的探索。一时间，无政府主义、国家主义、民粹主义、新村主义、工团主义，还包括当时中国人了解并不多的社会主义等各种主义、思潮蜂拥而起。以李大钊、陈独秀及毛泽东同志等为代表的先进分子，在对各种主义反复进行比较后，认识到社会主义才是最先进的主义，只有社会主义才能救中国，从而最终选择了走俄国十月革命的道路。他们的选择，代表了人民的选择。

选择了社会主义的中国先进分子，同时开始了如何搞社会主义的思考。建党之初，李大钊就指出：社会主义原则是能够运用于实际的，但是当它成为一种"实际运动"时，会因为具体环境的变化而发生变化；社会主义制度将是共性和特性相结合的一种制度，中国将来的社会主义会有自己的特性。这是中国人自己对中国未来社会主义的重要预测和设计。可以说，中国人一开始就选择了中国特色社会主义之路。

然而，正确的选择不是一次就能完成的，也不是一劳永逸的。历史条件和社会环境的变化，实践中难免出现的曲折，需要我们不断地、反复地作出选择。

中国共产党领导人民经过28年艰苦卓绝的新民主主义革命，建立了新民主主义的新中国。新中国成立后，是长期停留在新民主主义社会阶段，还是迅速过渡到社会主义？我们选择了后者，在较短时间内领导完成社会主义改造，在全国建立起社会主义制度。作出这个选择，是因为当时发展社会主义是大势所趋，同时适应了缺乏生产资料的广大城市平民和缺乏生产条件的广大农民改变贫困处境的迫切需要。社会主义改造虽然出现了过快过激的问题，但它终究是我国社会发展的必然要求，是历史和人民的选择。到上世纪50年代中期，苏联社会主义模式的严重弊端显露出来后，是继续由"苏联模式"牵着鼻子走，还是独立探索适合中国国情的社会主义建设道路？我们选择了后者。这是一次非常重要的选择，它开创了全面建设社会主义的历史时期；更重要的是，我们党和人民摆脱了国际教条主义的束缚，开始自己完全独立自主地处理中国社会主义建设的问题。

从上世纪50年代后期开始，我们党对社会主义建设道路的探索出现了曲折和失误。特别是在"文革"时期，对社会主义的认识严重偏离了科学社会主义的基本原则，脱离了马克思主义的正确轨道，中国社会主义事业陷入前所未有的困境。"文革"结束后，中国面临着向何处去的问题：是继续沿着老路走下去，还是走全盘西化的路，抑或是另外开辟出一条新路来？经过短暂的徘徊之后，我们党作出了正确选择。党的十一届三中全会作出将工作重心转移到经济建设上来、实行改革开放的伟大决策。党的十二大总结在拨乱反正和改革开放实践中形成的新的思想认识，提出建设有中国特色的社会主义的伟大主题，中国走上了一条崭新的中国特色社会主义之路。

走中国特色社会主义道路，是历史的选择，更是人民的选择。1978年秋冬，几乎是与党的十一届三中全会实现伟大历史转折的同时，中国农民为吃饱肚子，自发地开始了改变农村生产关系、促进农村生产力发展的改革。邓小平同志对改革开放的总体设计，第一步目标就是解决人民的温饱问题。之后，以江泽民同志为核心的党的第三代中央领导集体和以胡锦涛同志为总书记的党中央，领导党和人民继续推进中国特色社会主义，也一如既往地坚持高度尊重人民的意愿和要求，以人民的选择为选择。

从中国的先进分子选择社会主义救中国到党领导人民选择中国特色社会主义发展中国的历程深刻地说明：中国特色社会主义是党和人民90多年奋斗、创造、积累的根本成就，是改革开放30多年实践的根本总结，凝结着实现中华民族伟大复兴这个近代以来中华民族的伟大梦想，也体现着近代以来人类对社会主义的美好憧憬和不懈探索。

推动中国特色社会主义道路越走越宽广

习近平总书记指出，"无论搞革命、搞建设、搞改革，道路问题都是最根本的问题。30多年来，我们能够创造出人类历史上前无古人的发展成就，走出了正确道路是根本原因。现在，最关键的是坚定不移走这条道路、与时俱进拓展这条道路，推动中国特色社会主义道路越走越宽广。"这为我们在新形势下坚持和发展中国特色社会主义提供了基本遵循。

科学社会主义是一种理论，也是一种运动。中国特色社会主义是当代中国的科学社会主义，但绝不是科学社会主义的终结，还需要不断向前拓展。一方面，这是客观实际发展的需要。当前，中国特色社会主义所面临的内外环境更趋复杂，每前进一步都会遇到新的问题。我们必须直面并及时回答客观实际发展所提出的新课题。另一方面，这是科学理论自身发展的需要。中国特色社会主义我们毕竟只搞了30多年，对其客观规律的认识和把握还处在不断深化、提高的过程中。世界上没有一成不变的发展道路和发展模式，也没有一成不变的发展理论。早在1981年，邓小平同志就在他的英文版文集自序中写道："如果有一天这些讲话失去重新阅读的价值，那就证明社会已经飞快地前进了，那有什么不好呢？"这是对中国特色社会主义理论需要与时俱进的生动注解。

  实践已经充分证明，中国特色社会主义是社会主义的成功之路，是国强民富的成功之路，是民族复兴的成功之路。我们要在中国共产党成立一百周年时全面建成小康社会，要靠坚持和发展中国特色社会主义；我们要在新中国成立一百周年时达到中等发达国家水平，要靠坚持和发展中国特色社会主义；我们要实现中华民族伟大复兴的中国梦，要靠坚持和发展中国特色社会主义。现在，我们已经迎来了民族复兴的曙光，我们比历史上任何时候都更加接近民族复兴的目标，比历史上任何时候都更有信心、有能力实现这一目标。但是，要走的路还很长，任务还非常艰巨。让我们团结一心、努力奋斗，推动中国特色社会主义道路越走越宽广，不断创造中国特色社会主义建设的新成就。

《人民日报》（2013年8月9日）

★ **拓展阅读**

当代社会主义的前途与命运

  2021年，中国共产党成立100周年。这100年来，社会主义运动跌宕起伏、热点转换，不断引起人们对社会主义前途与命运的思考。苏联社会主义在20世纪末的衰落及其引起的全球震荡，进一步加深了人们对社会主义的思考和忧虑。实践是理论之源。1918年，列宁说过这样一段话："对俄国来说，根据书本争论社会主义纲领的时代也已经过去了，我深信已经一去不复返了。今天只能根据经验来谈论社会主义。"显然，这段话在当前仍然具有十分重要的现实意义。它启示我们，必须根据现实、经验、实践来研究和把握社会主义的前途与命运。

  回顾世界社会主义发展历程，不难发现其历史命运与资本主义发展有很强的相关性。资本主义遭遇危机之时，往往是社会主义复兴之机。从一定意义上说，正是资本主义的灾难与困境催生了社会主义的理想和向往。但是，同以往资本主义危机只在资本主义体系内带来灾难不一样，2008年的国际金融危机，既打击了资本主义国家，也冲击了社会主义国家；既打击了世界各国的右翼，也打击了世界各国的左翼。资本主义国家的左翼受到的打击丝毫不亚于右翼，甚至出现了整体"向右转"的现象。欧洲难民危机和英国全民公投脱欧，加剧了这一"向右转"的趋势。国际金融危机以来，各国许多政要和学者都在探讨社会主义问题，涉及社会主义的内涵、价值目标、基本特征、制度安排、实现途径等内容，大大深化了对社会主义的讨论。可以相信，随着国际金融危机的深度演化，还会有更多的人从社会主义、共产主义思想理论中寻找克服这次国际金融危机的出路。

同时要清醒地认识到，西方学者和国外共产党、工人党今天谈论的社会主义与科学社会主义有许多不同。因此，我们需要根据经验加强对社会主义基础理论的研究，进一步研究解答什么是社会主义、怎样建设社会主义这一首要的基本理论问题，继续深化对社会主义建设规律和共产党执政规律的认识；进一步研究解答如何建立比资本主义制度更先进的社会主义制度，如何充分展示社会主义制度优势、不断推进社会主义发展的问题；进一步研究解答如何不断积累社会主义因素、创造向共产主义过渡条件的问题；等等。更为关键的是，必须积极探索如何继续推进中国特色社会主义事业，续写中国特色社会主义新篇章，为人类对更好社会制度的探索提供中国方案。

值得一提的是，目前世界社会主义仍然处于低潮，全球只有中国等少数国家在坚持走社会主义道路。中国共产党拥有9500多万党员，是世界历史上人数最多的共产党；当代中国坚持走社会主义道路，是世界上人口最多的社会主义大国。因此，国际范围的社会主义者把社会主义复兴的希望寄托在中国共产党和中国身上，中国特色社会主义成为世界社会主义的一面旗帜。

在一定意义上说，中国特色社会主义代表着世界社会主义的未来。因此，对于中国的马克思主义者来说，必须按照习近平总书记要求的那样，以更加宽阔的眼界审视马克思主义在当代发展的现实基础和实践需要，坚持问题导向，坚持以我们正在做的事情为中心，聆听时代声音，更加深入地推动马克思主义同当代中国发展的具体实际相结合，不断开辟21世纪马克思主义发展新境界，让当代中国马克思主义放射出更加灿烂的真理光芒。

> 理论自信

党的建设理论历经世纪考验

中国共产党是按照马克思主义建党学说建立起来的政党。成立100多年来，我们党形成了具有中国特色的马克思主义党建理论，从理论上保证我们党成为中国革命、建设、改革的坚强领导核心，保证党和国家事业不断从胜利走向新的胜利。

中国共产党建设理论坚持党的"两个先锋队"性质，坚持党全心全意为人民服务的根本宗旨，坚持通过社会主义实现共产主义的政治纲领，保证了党的建设沿着正确轨道前进。党的根本宗旨和政治纲领是始终如一的，但在不同时期有不同的阶段性目标和不尽一样的实现形式与途径。与此相联系，党在各个时期有不同的历史任务。在各个时期，我们党根据所担负历史任务的发展变化，不断提出党的建设新的目标和要求，努力使党的建设与党的历史任务紧密结合。党的建设与党的历史任务紧密结合，是党的建设最重要的规律之一。科学理论的生命力在于实践。党的建设与党的历史任务紧密结合，使党的建设理论真正发挥了对党的建设实践的指导作用，也使党的建设理论不断丰富和发展。

中国共产党建设理论坚持以时代发展的要求审视党，以改革创新精神加强和完善党，使党在理论和实践上保持先进性品格。党的建设的一项重大任务，就是要保持党在理论和实践上的先进性。这一理论体现了这一根本要求，并引领我们党开辟了现实的实践途径。从理论上说，改革开放以来，我们党始终正确研判世界发展潮流和时代主题，深刻分析世情、国情、党情的变化，用时代发展要求审视党的状况，科学总结国际共产主义运动，尤其是苏联、东欧国家共产党兴衰成败的经验教训，科学借鉴世界其他国家执政党治国理政的有益经验，在对国际的观察和现实的把握中开阔视野，深化了对执政规律和执政党建设规律的认识，提炼出了一系列新的理论观点。从实践上说，我们党正确顺应世界多极化、经济全球化以及科技进步日新月异的发展趋势，妥善处理影响世界和平发展的各种复杂和不确定因素，抓住和用好重要战略机遇期，在日益激烈的综合国力竞争中又好又快地发展自己，在风云变幻的国际环境中保持战略定力，在建设和发展中国特色社会主义的新实践中积累了新的经验和认识，提高了领导水平和执政能力。

中国共产党建设理论涵盖全面，随着党的建设发展而不断发展，内涵日益丰富。在新民主主义革命、社会主义革命和建设时期，党的建设理论主要包括思想建设理论、组织建设理论、作风建设理论三个部分。进入改革开放新时期，面对党的建设出现的新情况新问题，我们党又提出了反腐倡廉建设理论和制度建设理论，形成"五位一体"的格局。增加反腐倡廉建设和制度建设理论，使党的建设理论和顶层设计更加符合实际，也更加有利于党的建设成果巩固，更加符合党心民意。中国特色社会主义进入新时代，以习近平同志为核心的党中央全面推进党的政治建设、思想建设、组织建设、作风建设、纪律建设，把制度建设贯穿其中，深入推进反腐败斗争。这一新时代党的建设总体布局，突出了政治建设的统领地位和纪律建设这个管党治党的治本之策，反映了党的十八大以来全面从严治党实践和理论探索创新的重大成果，抓住了新时代推进党的建设新的伟大工程的关键，实现了党的建设总体布局的重大发展。党的建设理论既有对党的整体要求，又有对党员的具体要求，实践性很强。无论哪方面的内容，许多既是理论主张，又是实践规定和要求；既规定和要求党组织做到，又规定和要求每个党员做到。

中国共产党建设理论始终坚持以不断满足人民群众对美好生活向往为出发点与落脚点，坚持从人民群众中汲取不竭的源泉和力量，保持了旺盛的生命力。我们党根植于人民群众，党的理论也根植于人民群众。100多年来，党的建设坚持以人民拥护不拥护、赞成不赞成、高兴不高兴、答应不答应为标准，为人民的利益坚持好的，为人民的利益改正错的。党的建设理论坚持以人民群众的期待为诉求，从人民群众中汲取经验、智慧和力量，保持着旺盛的生机和活力。党同人民群众的关系问题是党的作风建设的核心。党的十八大以来，以习近平同志为核心的党中央坚持全面从严治党，在全党深入开展党的群众路线教育实践活动，进一步弘扬了党的群众路线，进一步密切了党同人民群众的联系，为党的建设理论注入新的生机与活力，为实现中华民族伟大复兴的中国梦注入强大精神动力。

对中国特色社会主义理论体系的丰富和发展

王伟光

深入学习贯彻习近平总书记系列重要讲话精神，是当前和今后一个时期全党的重大政治任务，这对于全党全国进一步统一思想、统一行动，不断开创中国特色社会主义事业新局面，具有十分重要的理论意义和现实意义。

我国经济社会发展决定性阶段坚持发展中国特色社会主义的政治宣言

党的十八大标志着我们党领导的中国特色社会主义伟大事业进入发展的决定性阶段，我们党领导人民开创的前所未有的社会主义伟大实践，已经行进到一个新的历史起点上，正在向新的发展目标前进。

习近平总书记高瞻远瞩，适应国内外形势发展变化的新需要，适应党和国家事业发展的新要求，适逢其时，发表一系列重要讲话，内涵极其丰富的重要思想观点，是治党治军治国理政的基本遵循，是高举中国特色社会主义旗帜的政治宣言，是坚定不移地走中国特色社会主义道路的行动纲领。

习近平总书记系列重要讲话理论彻底，旗帜鲜明，方向明确，是非清楚，态度坚决，文风质朴实在，道理明白易懂，对事关中国特色社会主义前途命运的重大问题做出了十分肯定的政治结论。习近平总书记系列重要讲话对于"坚持什么、反对什么""肯定什么、否定什么""做什么、不做什么"，都发出了明确无误的政治信号，更加坚定了我们对马克思主义、对科学社会主义、对毛泽东思想和中国特色社会主义理论体系的信仰，更加坚定了对共产主义远大理想和中国特色社会主义共同理想的信念，更加坚定了走中国特色社会主义道路的决心和信心，更加坚定了全面深化改革开放、坚持社会主义市场经济体制的改革取向和政策选择。

全面阐述事关中国特色社会主义前途命运一系列重大原则问题的马克思主义重要文献

习近平总书记系列重要讲话，运用马克思主义立场、观点、方法，对中国特色社会主义的重大理论和现实问题给予明确回答，作出深刻论述，提出并形成了一系列富有创建的新思想、新观点、新论断、新要求、新举措，讲新话，有新意，进一步升华了我们党对人类历史发展规律、社会主义发展规律、马克思主义执政党建设规律的认识，是进一步推进马克思主义中国化、时代化和大众化的重要文献。

习近平总书记关于坚持和创新马克思主义、毛泽东思想和中国特色社会主义理论体系的重要论述；关于坚持和发展中国特色社会主义的重要论述；关于实现中华民族伟大复兴中国梦的重要论述；关于推动经济社会持续健康科学发展的重要论述；关于全面深化改革开放、不断激发全社会的发展动力和创造活力的重要论述；关于社会主义民主政治和依法治国的重要论述；关于加强宣传思想工作、牢牢掌握意识形态工作领导权管理权话语权的重要论述；关于国际关系和我国外交战略的重要论述；关于加强党的建设和反腐倡廉建设、切实提高从严管党治党的能力和水平的重要论述，以及对国防和军队建设、"一国两制"、做好港澳台工作、推进祖国统一大业等也提出了一系列新思想、新对策，讲新话，有新意，创新和发展了党的理论。

运用马克思主义立场观点方法
分析、认识、解决问题的典范榜样

习近平总书记系列重要讲话通篇贯穿了一脉相承、一以贯之的一条红线，这就是马克思主义、列宁主义、毛泽东思想和中国特色社会主义理论体系所贯穿的基本立场、基本观点、基本方法，这就是马克思主义哲学世界观方法论，这也是贯穿于习近平总书记系列重要讲话之中的活的灵魂和精神实质。

实事求是，一切从实际出发，是马克思主义哲学精髓。习近平总书记系列重要讲话本身就是坚持解放思想、实事求是的思想路线，准确把握客观实际、科学掌握客观规律的创新产物。习近平总书记牢牢把住实事求是精髓，一切从中国国情实际出发，从客观事物本身具有的规律出发，分析问题、认识问题、说明问题，导引出解决当前中国一切复杂难题的良方益药。

辩证唯物主义是我们共产党人观察分析处理一切问题的思想方法。习近平总书记善于运用辩证法分析复杂事物，全面把握事物变化及其关系，通透辩证思维方式和辩证分析方法。习近平总书记反复强调增强战略思维、辩证思维、系统思维、创新思维和底线思维能力，要善于运用辩证法，正确地观察分析事物，研究解决改革发展中的困难和问题，不断增强决策的科学性、前瞻性、主动性。

历史唯物主义是马克思主义关于社会历史发展问题的哲学总说明。习近平总书记正是以唯物史观的远见卓识科学地把握了人类历史发展的总趋势，既看到历史发展的光明前景，又清醒地看到当前存在的困难和问题。习近平总书记指出，既要看到国际金融危机所体现出来的资本主义必然灭亡、资本主义内在矛盾不可克服的历史趋势，同时又实事求是地看到资本主义现在还有自我调节的能力，总体上还是资强社弱，要有长期斗争的思想准备。

群众观点是唯物史观的根本观点。习近平总书记认为，坚持群众观点和群众路线是历史唯物主义的重要内容，是无产阶级政党的本质要求。习近平总书记指出，人民是创造历史的真正主人。正是坚持一切依靠人民，一切为了人民，从群众中来、到群众中去的马克思主义群众观，习近平总书记大力倡导转变作风、密切联系群众，推动在全党深入开展群众路线教育实践活动，在全面转变作风方面取得良好效果。

《人民日报》（2014年1月20日）

★ **拓展阅读**

当代中国马克思主义研究的使命担当

马克思主义是关于自然界、人类社会和人的思维发展规律的科学，是关于工人阶级和人民大众解放与发展的科学。它运用辩证唯物主义和历史唯物主义基本原理，科学揭示了人类社会发展的客观规律。马克思主义是真理，但它并没有终结真理，而是开辟了通向真理的道路。历史证明，马克思主义是随着时代、实践、科学发展而不断发展的开放的理论体系。习近平总书记指出："坚持问题导向是马克思主义的鲜明特点。问题是创新的起点，也是创新的动力源。只有聆听时代的声音，回应时代的呼唤，认真研究解决重大而紧迫的问题，才能真正把握住历史脉络、找到发展规律，推动理论创新。"当代中国马克思主义研究应继续深化对人类社会发展规律的认识，为人类的未来指明方向。

发挥"解释世界"功能，对重大理论和现实问题给予科学合理、有说服力的解释。时代是思想之母。思想理论要赶上时代、引领时代，就必须弄清时代性质、时代主题以及当今时代的特征，弄清现时代与马克思主义经典作家在世的时代相比发生了哪些深刻变化，现时代给人们提出了哪些需要从理论上加以说明的重大课题。对于2008年的国际金融危机，马克思主义者应当给出明确的说法和解释，讲清楚这次危机的特点是什么、根本原因是什么，对不同类型、不同发展程度、不同性质、不同区域的国家影响有何不同，走出危机的出路何在，谁应该为这次危机承担责任，在未来的发展中如何避免此类危机等一系列问题。

  发挥"改造世界"功能，为解决日益严峻的全球性问题拿出可行方案。人类只有一个地球，各国共处于一个世界，都拥有和平发展这个共同的梦想。然而，综观当今世界，危及人类生存和经济社会可持续发展的全球性问题不断凸显，尤其是全球发展不平衡加剧、恐怖主义猖獗、局部动荡频繁发生、粮食不足、资源短缺、能源紧张、环境污染、气候异常、人口膨胀、贫困加剧、疾病流行、经济危机等全球性难题日益增多，对人类生存和发展构成严峻威胁。对于这些问题，世界范围的马克思主义者需要拿出可行的解决方案，我国的马克思主义者必须贡献"中国智慧"。

  发挥"望远镜"功能，为社会主义和人类未来发展指明方向。社会主义代表着人类的美好未来，这是激励无数社会主义者前行的动力。但苏联解体、东欧剧变以来，世界社会主义处于低潮，一些国家的共产党易名改向，放弃了社会主义、共产主义的奋斗目标。事实上，走资本主义道路的绝大多数发展中国家仍然处于贫穷和落后状态，而发达资本主义国家正在遭受空前的金融危机、经济危机、政治危机和社会危机。当社会主义遭遇挫折、资本主义遭遇危机时,人类对未来发展应作何种选择,有没有好的解决方案?当代中国马克思主义者应研究解答这一重大课题。

> 理论自信

"术语的革命"彰显思想魅力

"一门科学提出的每一种新见解都包含这门科学的术语的革命",这是1886年恩格斯在《资本论》第一卷英文版序言中对马克思政治经济学的科学革命意义的评价。对于"术语的革命"在科学发展史上的意义,后来的科学史学家也予以认同。托马斯·库恩就认为,"科学革命"指的就是"某些科学术语发生意义变革的事件"。

1868年1月,在《资本论》第一卷德文第一版出版后不久,马克思提出剩余价值、劳动二重性和工资范畴是《资本论》中三个"崭新的因素"。这三个"崭新的因素"是马克思经济思想发展的重要标识,是"术语的革命",彰显出马克思政治经济学的理论特征和思想力量。

剩余价值作为这三个"崭新的因素"的首要范畴,是马克思实现的政治经济学革命的主旨所在,也是马克思政治经济学区别于当时其他经济学流派的根本标志之一。在《1857—1858年经济学手稿》"资本章"中,马克思首次提出剩余价值范畴。在《1861—1863年经济学手稿》中,马克思从经济思想史的视角指出,"所有经济学家都犯了一个错误:他们不是纯粹地就剩余价值本身,而是在利润和地租这些特殊形式上来考察剩余价值。"《资本论》在对资本主义生产过程和流通过程的阐释中首先研究剩余价值,在剩余价值一般形式中,利润、利息、地租这些具体形式还没有区分开来,仍处于融合状态;《资本论》在对总过程的各种形式的阐释中,又对剩余价值转化为利润、利润转化为平均利润,以及商业利润、利息、地租等展开论述。剩余价值范畴是贯穿于《资本论》逻辑的核心范畴,它的提出,使得马克思与他之前的经济学家的关系发生了根本性变化。恩格斯认为,"这里的问题不是在于要简单地确认一种经济事实,也不是在于这种事实与永恒公平和真正道德相冲突,而是在于这样一种事实,这种事实必定要使全部经济学发生革命,并且把理解全部资本主义生产的钥匙交给那个知道怎样使用它的人。"这就是剩余价值"术语的革命"的思想力量和理论魅力所在。

劳动二重性之所以成为理解马克思政治经济学的枢纽,是因为"对问题的批判性理解的全部秘密就在于此"。在《资本论》第一卷德文第一版中,马克思指出:"进一步考察表明,商品中包含的劳动也具有二重性。这一点首先是由我批判地阐明了的,这是理解政治经济学的枢纽。"劳动二重性在"术语的革命"上的意义,充分体现为它在《资本论》第一卷商品二因素、劳动力商品、劳动过程和价值增殖过程、剩余价值生产形式及其本质、劳动对资本的形式从属和实际从属、工资的本质、资本积累过程和趋势等理论的理解中起着枢纽作用。同时,劳动二重性也是马克思政治经济学方法及特征的集中体现,深刻揭示了《资本论》所阐明的经济关系的社会性和历史性的本质特征。

与剩余价值和劳动二重性范畴不同,工资作为经济学术语是马克思对当时流行于政治经济学各流派中已有术语的批判性借鉴。马克思将工资范畴与关于异化劳动、雇佣劳动,以及劳动和资本的阶级关系的分析联系在一起;将工资范畴与马克思劳动价值论的发展和创新联系在一起,以确立工资范畴这一"崭新的因素"为实现劳动价值论科学革命的标志。在《资本论》第一卷中,马克思认为:那种把工资看作是"劳动价值和价格"的"用语"的观点,"是直接地、自发地、作为流行的思维形式再现出来的",其结果必然"陷入无法解决的混乱和矛盾中,同时为庸俗经济学在原则上只忠于假象的浅薄性提供了牢固的活动基础";而工资是劳动力价值或价格的转化形式的观点,"古典政治经济学几乎接触到事物的真实状况,但是没有自觉地把它表述出来。只要古典政治经济学附着在资产阶级的皮上,它就不可能做到这一点"。马克思"站在工人的立场上",第一次揭示了资本主义经济条件下工资的本质,揭示了其背后隐藏的经济关系和阶级关系的性质。马克思赋予工资范畴"崭新"的含义,彰显了"术语的革命"的思想力量。

作为马克思政治经济学"术语的革命"的显著标识,剩余价值、劳动二重性和工资,是马克思政治经济学理论体系和学术话语体系基本立场和根本方法的表达。马克思政治经济学"术语的革命"的深刻意蕴,为当代中国马克思主义政治经济学"术语的革命"和中国特色社会主义政治经济学理论体系发展提供了理论上和方法论上的重要启示。

4

今天，我们需要什么样的政治经济学

刘　伟

历史的车轮行进到 2015 年。纵览环球经济，形势依旧纷繁复杂。从国际看，经济全球化在曲折中深入发展，新科技革命蓄势待发。从国内看，社会主义市场经济朝气蓬勃，新技术、新产品、新业态、新商业模式层出不穷，经济发展进入新常态。在社会经济生活发生深刻变化的今天，我们需要什么样的政治经济学？

马克思主义政治经济学是一个开放包容、与时俱进的科学理论体系

"经济"最初是指家庭管理。1615 年法国重商主义学者蒙克莱田在《献给国王和王太后的政治经济学》一书中，将"经济"从家庭管理拓展为国家治理，并使之成为古典经济学的主题。严格地说，

古典经济学就是政治经济学。按照约翰·穆勒的定义，政治经济学研究财富的性质及其生产和分配的规律，特别是研究与生产和分配相关的制度、社会、道德乃至人性等因素。直到19世纪末新古典综合经济学成为正统后，政治经济学才改称为经济学。

马克思的经济学说从对古典政治经济学的批判中发展而来，以"资本主义生产方式以及和它相适应的生产关系和交换关系"为研究对象，用科学的世界观和方法论将政治经济学推进到新的高度。马克思主义政治经济学，是一个开放包容、与时俱进的科学理论体系。今天，马克思主义政治经济学以揭示经济制度历史运动规律为主要研究目的，广义政治经济学研究人类社会生产关系运动，包括各种社会历史形态下的生产关系运动；狭义政治经济学则研究特定社会历史形态下的生产关系运动。同时，政治经济学不是孤立地研究生产关系，而是在生产力与生产关系的矛盾运动中研究生产关系。只要存在人类生产、存在社会生产关系及其运动，只要人们想认识这种生产关系运动，就需要开展政治经济学研究。

坚持并发展马克思主义政治经济学，有助于辨明社会进步的正确方向

政治经济学具有鲜明的阶级属性及相应的价值取向。政治经济学研究社会生产关系的根本目的在于，揭示一定社会生产方式运动的历史规律，进而证明一定社会生产方式的历史合理性或不合理性。西方资产阶级经济学自产生起，便把价值理论作为核心内容。当时

资产阶级作为先进生产方式的代表，其统治地位尚不稳固，特别是资本主义生产方式赖以存在的生产力基础（大机器工业）尚在形成中，资本主义制度代替封建制度的历史必然性、合理性等都有待证明。面对资本主义生产方式和封建主义生产方式的历史选择，古典经济学理论给出了具有进步意义的回答：资本主义生产方式贯彻等价交换原则，等价交换本质上是法权而不是特权，体现着契约精神而不是身份等级，承认劳动价值并保障劳动者的劳动自由，因而相对于封建主义生产方式具有进步性、合理性和公正性。从19世纪末开始，随着资产阶级统治地位的巩固，资产阶级经济学研究的核心内容发生转移，由价值理论转变为均衡价格论，政治经济学被边缘化。之所以如此，一方面的原因是，当时对资本主义制度取代封建制度的历史必然性的理论论证已无特殊意义，如何实现资源的充分有效配置成为更重要的经济命题；另一方面的原因更为主要，若坚持彻底的劳动价值论，就会导致对资本主义生产方式正当性、合理性的否定，这是资产阶级不愿看到的结果。

马克思政治经济学的核心，同样是价值理论。马克思批判地继承并发展了古典经济学的劳动价值论，提出了科学的劳动价值论和剩余价值论，严格区分了价值与使用价值、价值与价格（交换价值），创造了劳动二重性学说。马克思劳动价值论在价值观上揭示了资本与劳动的对立，劳动是价值的唯一源泉，从而为剩余价值论奠定理论和道义基础。同时，揭示了资本主义生产方式会造成人的"异化"。马克思政治经济学证明，资本主义生产方式的合理性只是历史的，资本主义生产关系终将与生产力发展产生根本冲突，最终被新制度所取代。

今天，马克思主义在中国大地上焕发出勃勃生机。我们把马克思主义基本原理同中国实际和时代特征结合起来，开创和发展中国特色社会主义。中国经济取得骄人成绩，社会主义制度优越性得以彰显。同时要看到，资本主义社会虽然矛盾重重，但仍是当今世界的重要存在；我国是在生产力非常落后的条件下进入社会主义社会的，超越资本主义社会的现代化生产力基础仍不充分具备，中国特色社会主义制度的巨大优越性仍然需要理论和实践的进一步证明。在这样的时代背景下，坚持并发展马克思主义政治经济学，有助于认清经济制度历史运动规律，看清社会主义相对于资本主义的巨大优势，辨明社会进步的正确方向。

只要积极回应、正确解答时代问题，政治经济学就富有生命力

马克思主义政治经济学在回答时代问题中不断发展，也在回答时代问题中获得强大生命力。今天，政治经济学面临的时代问题不是少了，而是多了；解答的难度不是降低了，而是提高了。在实践探索的基础上，我国学者对社会主义基本制度能不能以及如何与市场经济成功结合作出了开创性的初步解答。下一步，我国发展仍面临很多问题，如公有制经济如何在不失公有本质的基础上满足市场经济的基本要求，公有制经济怎样形成市场交易机制所要求的严格产权界区，等等。这些中国特色社会主义经济制度建设的基本问题，

恰恰是马克思主义政治经济学在当代中国所要回答的根本命题。

　　回答这些问题，需要艰苦的理论探索，更需要伟大的科学社会主义实践。今天，掌握马克思主义政治经济学，用政治经济学对中国特色社会主义进行深入分析，具有重大而深远的意义，也面临前所未有的困难。拨开重重迷雾，在生产力和生产关系的矛盾运动中发现经济社会的进步方向，这或许便是政治经济学的特殊魅力。

《人民日报》（2015年1月8日）

★ **拓展阅读**

政府与市场形成发展合力

"经济体制改革是全面深化改革的重点,核心问题是处理好政府和市场的关系,使市场在资源配置中起决定性作用和更好发挥政府作用",是我们党对政府和市场关系认识的又一重大突破。在以习近平同志为核心的党中央坚强领导下,我国进一步推进市场化改革,大幅度减少政府对资源的直接配置,推动资源配置依据市场规则、市场价格、市场竞争实现效益最大化和效率最优化;更好发挥政府在保持宏观经济稳定、加强和优化公共服务、保障公平竞争、加强市场监管、维护市场秩序、推动可持续发展、促进共同富裕、弥补市场失灵等方面的作用,激发各类市场主体活力。"看不见的手"和"看得见的手"的作用有机统一、相互补充、相互协调、相互促进,保障我国经济在实现高质量发展上不断取得新进展、供给侧结构性改革不断取得新成效,并为我国顺利跨越"中等收入陷阱"提供内生动力。

推动高质量发展是当前和今后一个时期确定发展思路、制定经济政策、实施宏观调控的根本要求。推动高质量发展,实现质量变革、效率变革、动力变革,既需要把技术创新作为转变发展方式、提高效率的基点,又需要把制度创新作为技术创新、提质增效的保障。有利于高质量发展的制度创新,涉及完善市场准入负面清单制度、培育要素市场体系、反垄断及市场监管等市场竞争秩序建设,涉及财税体制、金融体制等经济体制改革,涉及货币政策、财政政策及其传导机制等宏观调控体系完善。这些制度创新的核心就在于处理好政府和市场的关系,使市场在资源配置中起决定性作用,更好发挥政府作用,并提高两者发挥作用的协同性。

近些年来,我国市场化改革的广度和深度不断拓展:以完善产权制度和要素市场化配置为重点,努力实现产权有效激励、要素自由流动、价格反应灵活、竞争公平有序、企业优胜劣汰;完善市场竞争秩序,提高市场竞争的充分性、公平性,着力使市场在资源配置中起决定性作用。与市场化改革进程相适应,加快转变政府职能,深化商事制度改革,完善市场监管体制;创新和完善宏观调控,发挥国家发展规划的战略导向作用,健全财政、货币、产业、区域等经济政策协调机制,有效弥补市场失灵。应该认识到,无论多么完善的市场经济,都存在市场失灵。通过发挥政府作用弥补市场失灵,是市场经济发展的内在要求。我国社会主义市场经济体制是社会主义基本制度与市场经济有机结合的经济体制,为处理好政府和市场关系奠定了坚实制度基础。

推进供给侧结构性改革,是在全面分析我国经济发展阶段性特征的基础上,给出的调整经济结构、转变经济发展方式的治本良方,是当前和今后一个时期我国经济发展和经济工作的主线。供给侧结构性改革的最终目的是满足需求、主攻方向是提高供给质量、根本途径是深化改革,推进供给侧结构性改革对处理好政府和市场的关系、发挥好市场和政府的作用提出了更高要求。

对要素市场化配置改革及法治化建设提出更高要求。供给侧结构性改革不同于需求侧的宏观调控,其政策的直接作用对象是生产者,着眼点是提高劳动生产率、全要素生产率、企业竞争力,增强供给结构对需求变化的适应性和灵活性,促进产业结构优化升级。这就要求进一步提高市场竞争的充分性和公平性,打破行业垄断、进入壁垒、地方保护,增强企业对市场需求变化的反应能力,提高企业资源要素配置效率和竞争力。同时,要求以法治化方式保障市场健康发展和公平竞争,规范政府行为,更多运用市场化法治化手段推进改革,避免不必要的行政干预。

对提高政府作用的科学性和有效性提出更高要求。供给侧结构性改革重在解决结构性问题,注重激发经济增长动力,主要通过优化要素配置和调整生产结构来提高供给体系的质量和效率,进而推动经济增长。它对更好发挥政府作用提出新的要求,提出从着力影响消费者扩展到着力影响生产者,从关注总量效应扩展到关注结构效应,从强调短期政策效果扩展到强调中长期政策效果。因而,必须在管理和调控宏观经济中更好地处理需求与供给、总量与结构、短期与长期的关系,提高宏观政策的科学性和有效性。

我国自 2010 年起人均国民总收入进入上中等收入阶段,要在未来几年实现从上中等收入阶段迈向高收入阶段。实现这一历史性跨越，关键在于进一步深化经济体制改革，核心问题就是处理好政府和市场的关系。

一些发展中国家之所以落入"中等收入陷阱"，一个重要原因就是未能处理好政府和市场的关系。这些国家进入中等收入阶段后，没有从根本上转变发展方式，也没有推出持续改善民生的有效政策，资源配置效率低下，既无微观竞争活力也无宏观均衡协调，既无资源配置的市场效率也无社会发展的公平和谐，因而危机不断，难以实现持续发展。

实践证明，只有使市场在资源配置中起决定性作用，才能提高资源配置效率，促进经济可持续发展。习近平总书记指出："进一步处理好政府和市场关系，实际上就是要处理好在资源配置中市场起决定性作用还是政府起决定性作用这个问题"，强调作出"使市场在资源配置中起决定性作用"的定位，有利于在全党全社会树立关于政府和市场关系的正确观念，有利于转变经济发展方式，有利于转变政府职能，有利于抑制消极腐败现象。正是基于这一科学认识，我国着力构建统一开放、竞争有序的市场体系，努力使市场在资源配置中起决定性作用。

当然，实现资源有效配置、推动经济可持续发展，不能只依赖市场机制。尤其要看到，市场机制存在失灵问题，如在信息严重不对称领域、产权无法清晰界定领域、自然垄断领域，很多资源配置活动难以通过市场机制实现。如果没有政府有效的调控和规制，就会形成突出短板，导致严重的结构失衡。即使在市场机制能够有效发挥作用的领域，微观主体自发分散的竞争行为也难以自动达到资源配置最优和经济总体稳定的均衡状态，因而需要更好发挥政府作用，实现宏观调控有度。

政府和市场作用的协同发挥，为跨越"中等收入陷阱"提供内生动力，将有力保障我国顺利实现从上中等收入阶段向高收入阶段跨越。从党的十八届三中全会以来积累的经验看，协同发挥政府和市场作用，要让政府作用的发挥建立在"市场在资源配置中起决定性作用"的基础上。正如习近平总书记指出的："更好发挥政府作用，不是要更多发挥政府作用，而是要在保证市场发挥决定性作用的前提下，管好那些市场管不了或管不好的事情。"要加快转变政府职能，将政府的作用主要集中在市场管不了或管不好的领域，该放给市场和社会的权一定要放足、放到位，该政府管的事一定要管好、管到位，坚决扭转政府职能错位、越位、缺位现象。为此，我们不断深化行政审批制度改革，推进简政放权，深化权力清单、责任清单管理，同时强化事中事后监管。要形成充分发挥市场作用、更好发挥政府作用的经济体制，实现市场机制有效、微观主体有活力、宏观调控有度。重点是构建统一开放、竞争有序的市场体系，深化财税体制、投融资体制和金融体制改革，健全货币政策和宏观审慎政策双支柱调控框架，完善宏观调控体系。要推进与市场化进程相适应的法治化建设，规范政府行为，更好发挥政府作用。

> 理论自信

中国外交理论引领世界潮流

习近平外交思想发展和创新了中国特色大国外交理论,为处于十字路口的国际关系提供了来自中国的理论和实践选择,对构建新型国际关系、构建人类命运共同体均具有导向意义。

西方国际关系理论为国际秩序提供的解决方案,主线大致是私、分、争、离、暴,而中国特色国际关系理论的主体精神则是公、合、让、共、和。对比中西外交和国际关系理论会发现,前者在理论上和实践中充满强权政治、分而治之、结盟对抗、武力干涉、黩武主义等,这是西方内部关系及西方与世界关系的主线和写照。西方不少学者对此也有反思,但似乎很难求解。

中国特色大国外交理论与中国自古以来天下为公、协和万邦的道义情怀一脉相承，也与中国近代以来在国际体系中的经历和地位感受不可分割。透过习近平外交思想，我们可以深刻体会到中国特色大国外交理论公、合、让、共、和的特色和品质。例如，在文明观上倡导文明的包容互鉴、多元共生，在发展道路上强调各国应并育不害、并行不悖，在安全观上主张共同、综合、合作、可持续的安全理念，在国家间关系处理上坚持和平共处五项原则，在发展与不同规模国家关系上践行主权平等、国际关系民主化理念，在经济外交上反对动辄实行经济制裁、奉行义利并举、互利共赢理念，在周边外交和对非外交中贯彻亲诚惠容和真实亲诚理念，在国际秩序建设上主张建设主权、平等、民主、法治的国际秩序，等等。

西方政治学和国际关系理论重"分"，在对外关系上擅长用各种学说将对象国和地区分裂开来。中国政治学和国际关系理论重"合"，在对外关系上将有利于对象国和地区的团结与整合摆在首要位置。例如，在对非政策上，西方擅长将非洲分而治之，而中国倾向于将非洲作为一个整体来看待。同样，以斗争为基础的西方国际关系理论，怎么也解释不了中国的和平发展道路；而好以分而治之对待第三世界国家的西方外交理论，也很难理解为什么中国支持发展中地区的联合自强和互联互通。按照西方现实主义国际关系理论，中国不应支持周边地区形成类似东盟这样的政治实体,因为大国应阻止身边出现一个对自身利益不利的大国或集团,但中国恰恰支持东盟的一体化进程,并支持东盟在东南亚外交中发挥领导作用。这充分彰显了中国特色大国外交的风范、气度和自信。

结盟对抗政治的盛行,是过去国际关系和西方国际关系理论的悲剧所在。要走出大国关系的一条新路,就要摒弃结盟对抗政治的老路,以结伴而行的思路引领新型大国关系。习近平总书记强调,要在坚持不结盟原则的前提下广交朋友,形成遍布全球的伙伴关系网络。结伴是"交朋友"的思维,结盟是"找敌人"的思维。按照"找敌人"的思维,国际关系很容易退回到冲突对抗的老路上。"结伴不结盟",是中国为国际关系理论提供的一个新概念、新出路。

大国外交只有将自己的命运、责任和利益与更多国家及其人民的命运、责任和利益结合起来,才能产生感召力和吸引力。"一带一路"倡议自提出以来,已经得到100多个国家和国际组织的积极响应和参与,其抓手是互联互通。互联互通强调合作共赢,是一个与欧洲一体化不同而更切合发展中地区地缘经济发展趋势的概念。"一体化"由于涉及主导权问题而难为人接受,"互联互通"不在乎谁控制谁,而重在人、财、物、智流动的便利和畅通,在求同中存异,符合多样文明、多样制度、多样道路的国际关系现实。因此,互联互通会成为非洲、中东欧、中亚西亚、拉美等地区发展的关键词，也会逐步取代过去一些西方大国针对这些地区奉行的分而治之战略。中国的经济外交已经积极参与到东南亚、非洲的互联互通进程中，这有助于后者的统一而不是一分再分。

不断谱写中国特色大国外交新篇章

杨洁勉

大国是国际体系中主要的行为体,大国外交是当代国际关系的重要组成部分。习近平总书记强调,中国必须有自己特色的大国外交。党的十八大以来,中国特色大国外交不断取得理论突破、推进实践创新。随着中国特色大国外交不断谱写新篇章,中国作为负责任大国的作用日益彰显。着眼未来,我们应认真践行中国特色大国外交理念,积极承担中国肩负的国际责任,为全面建成小康社会营造更好的外部环境,为世界和平与发展事业续写新的篇章。

深刻变化的新形势

国内外形势的发展变化决定外交取向,中国外交也不例外。首先应看到,中国作为仍处于社会主义初级阶段的发展中国家,必须坚持外交服从和服务于国内改革发展的需要。但中国作为蒸蒸日上的新兴大国，又必须在外交上更加奋发有为。随着综合国力和国际地位的提高，中国已经成为影响当代国际关系的重要因素。中国的经济状况直接影响世界经济走势，中国的内外政策具有越来越大的溢出效应。

中国所处的亚欧大陆已成为当代大国博弈的主要舞台。在亚欧大陆的西部，俄罗斯和美欧在乌克兰对抗对峙、在叙利亚危机中各有打算、在能源问题上相互出招。在亚欧大陆的东部，美国继续推进针对中国的"亚太再平衡"战略，联合日本、菲律宾等国在南海问题上挑衅中国，并在地区安全机制问题上试图限制中国。

中国在发展问题上同世界休戚与共。在经济方面，中国仍是世界经济增长的主要贡献者，也是全球经济治理体系改革的主要动力。但在世界经济复苏困难和自身经济增速放缓的新形势下，中国和其他新兴经济体进入与发达经济体力量对比互有进退的盘整阶段。在可持续发展方面，中国成为联合国2030年可持续发展议程和应对气候变化的主要推动力量，也是南南合作和调整南北关系的有力促进者。但是，面对庞大而艰巨的全球发展任务，中国需要平衡目标和能力的关系，并根据轻重缓急决定战略优先顺序。

中国在应对非传统安全威胁上责任更加重大。非传统安全威胁在新形势下又有新发展。日益严峻的恐怖主义和极端主义是世界面临的新挑战，欧洲难民潮是旷日持久、不断深化的西亚北非危机的又一表现，埃博拉疫情凸显了防疫治病任务的艰巨性和长期性，而网络、外空、深海和极地等新公域挑战更具广泛性和复杂性。中国在全球应对非传统安全威胁方面的贡献有目共睹,但还需要在方向、原则、机制、规章、实践等方面作出更大努力。

运筹帷幄的新思路

党的十八大以来,习近平总书记就新形势下中国外交的奋斗目标、理论建设和战略布局作出一系列重要论述,中国特色大国外交已经逐步形成了新思路。

既高远又具体的奋斗目标。当前,中国处在实现"两个一百年"奋斗目标和中华民族伟大复兴中国梦的关键时期,中国外交迫切需要能够连接内外的共同目标,这就是打造"人类命运共同体"。"人类命运共同体"理念体现了超越狭隘民族国家利益、国家间关系与意识形态的全球观和世界眼光,是思考人类未来的"中国方略"。作为国际社会应为之共同奋斗的理想,"人类命运共同体"并非抽象的、虚无缥缈的理念。习近平总书记将其不断深化、细化,使之成为能够分步渐进实现的具体目标。

既前瞻又务实的理论建设。中国特色大国外交在丰富的实践中形成新的理念,并逐步整合成为系统的大国外交理论。中国特色大国外交理论源于马克思主义外交思想、中华优秀传统文化和国际优秀外交理论。在这些理论基础上,中国特色大国外交理论形成了自己的基本架构。但是,外交事关国家利益,具有极强的务实性和应用性。因此,中国在外交理论建设方面特别重视近远兼顾和中外衔接,提出了"正确义利观""结伴但不结盟""新型大国关系"和

"新安全观"等，这些务实可行的理念得到越来越多国家的认同。

既全面又有重点的战略布局。首先，中国外交是全方位的外交。中国正在走向世界舞台的中心，中国的国家利益和世界利益紧密联系在一起。党的十八大以来，中国以推动国际体系和全球治理优化为重点，扩大了同广大发展中国家和地区的区域合作，推进了同发达国家的政治对话和经济合作，开展了元首外交和全方位、宽领域、多层次合作，体现了负责任大国的视野和胸怀。其次，中国外交的战略布局体现了三个重点：一是大国关系。大国包括霸权大国、传统大国、新兴大国和地区大国。中国在世界多极化和经济全球化基础上看待和处理各类大国关系。二是周边关系。习近平总书记倡导"亲诚惠容"的周边外交理念，中国政府在处理邻国关系中强调加强合作和管控分歧的重要性，努力做到维护国家核心利益和保持地区稳定的平衡。三是地缘理念。中国根据内外形势的发展，提出建设"一带一路"的倡议，在地缘经济上建立了互利共赢的新平台，在地缘文化上增加了合作交流的新渠道，在地缘战略上找到了扶正祛邪的新途径。

与时俱进的新实践

经过长期不懈的奋斗与实践，中国越来越接近世界舞台的中央，中国特色、中国风格、中国气派的大国外交正在形成。

主动营造和平发展内外环境的鲜明特色。在长达数千年的历史进程中，中国在对外关系中始终强调和谐共处。习近平总书记指出：

"和平发展思想是中华文化的内在基因,讲信修睦、协和万邦是中国周边外交的基本内涵。"中国外交坚持和平发展道路是一贯的,但在不同历史阶段又各有特色。中国过去以利用和平环境发展自己为主,现在更加强调和践行主动塑造和平发展的内外环境。同西方大国强调强权政治和军事结盟相比,中国更加强调安全和发展的互动关系,调动已积累的政治影响和经济实力维护和平、促进发展,这是中国大国外交的鲜明特色。

平等待人与平衡周全的良好风范。中国一贯主张大小国家一律平等,反对以强凌弱。当前,在稳居世界第二大经济体且综合国力日益提升的新形势下,中国依然坚持且创造性地展示平等待人的外交风范,在更广泛的地域和领域推进公平、正义、平等外交。习近平主席在多边主场外交中注意中小国家的合理诉求,在多边客场外交中与广大发展中国家协同合作,实实在在提升了发展中国家在当今世界外交中的地位和作用。此外,中国的思想理念和政治体制又使我们在外交上强调政治解决和照顾各方利益。同各方面都讲得上话,使中国在伊朗核问题、朝鲜核问题和叙利亚问题的劝和促谈中独树一帜,同西方大国的急功近利和单方施压形成鲜明对比。

充满自信与敢于担当的恢宏气派。中国通过积极参与重大全球和地区事务,向世界展示了建设性作用。中国在促进全球治理和国际体系建设中发挥了重要作用,与国际社会在共同应对气候变化、防止大规模杀伤性武器扩散、应对埃博拉疫情等全球性问题上取得重大阶段性成果。中国出台了一系列政策举措,倡导建立金砖国家新开发银行和亚洲基础设施投资银行,提供更多国际公共产品,获得了国际社会特别是广大发展中国家的好评。此外，中国还通过大型外事活动向世界展示国家实力和能力，展现了中国外交的自信和担当。

应对挑战的新努力

展望未来，中国特色大国外交在理论和实践方面还面临许多可预见和不可预见的挑战。我们要在成绩中看到问题、在机遇中看到挑战，努力做到化危为机。

解决现实难点和重点问题。外交要更好地服务于国家改革发展，应着力把握大局、破解问题。在全球治理方面，应尽快进入全球主要大国角色并发挥新兴大国作用。在地区经济合作和安全架构方面，应全面落实"亲诚惠容"理念，有效管控分歧和危机。在双、多边关系方面，应继续提升各类伙伴关系和推进务实合作。中国外交要在解决现实难点和重点问题上实现量的增加和质的突破，从而获得更多的国内和国际认同。

加大理论建设力度。从国内来看，中国特色大国外交理论尚未形成完整体系，外交理论建设长期滞后于外交实践，外交学术研究落后于时代要求，外交理论教学还受西方体系的影响，外交人才紧缺。从国际上看，中国特色大国外交理论建设是在西方外交理论包围下进行的，需要努力增强国际影响、提高国际话语权、培养国际一流学者。

改革外交体制机制。中国特色大国外交既需要先进的思想理念、高素质的人才队伍，也需要科学的体制机制。我们要在以习近平同志为核心的党中央的坚强领导下，坚持战略家和政治家办外交，有效加强内外统筹，继续增强问题意识，充分发挥智库作用，尊重和善用舆论媒体，加快复合型外交人才培养，使中国特色大国外交为实现中华民族伟大复兴作出更大贡献。

《人民日报》（2016 年 4 月 14 日）

★ **拓展阅读**

认清世界正经历百年未有之大变局

认识世界发展大势，跟上时代潮流，是一个极为重要并且常做常新的课题。我们党始终高度重视分析判断国际形势，在不同历史时期均能作出正确准确的研判，推动党和国家事业取得巨大成就。党的十八大以来，习近平总书记准确把握时代进步潮流、世界发展大势、中国历史方位，作出"世界正经历百年未有之大变局"的重大论断，我们要深入学习领会，真正认清世界正经历百年未有之大变局的这一大势，始终跟上时代潮流。

国际力量对比发生重大变化。这集中表现在一大批新兴市场国家和发展中国家群体性崛起。一是全球经济版图重画。新兴市场国家和发展中国家过去20年来对世界经济增长贡献率高达80%，过去40年间国内生产总值全球占比从24%增加到超过40%，发达国家主导的国际政治经济秩序已经越来越不适应国际关系新的现实。二是世界力量格局深刻演变。2020年亚洲国内生产总值全球占比约为

38%，世界500强企业亚洲占了227家，联合国人居署评选的全球可持续竞争力前10名城市有5个来自亚洲。许多研究认为，世界经济中心正从美欧加快向亚洲转移，引发深刻的格局演进。三是东西方软实力消长。个别西方大国内部矛盾重重，政治恶斗、社会撕裂、贫富悬殊问题突出，制度失灵、政府失信、民众失望困局难解。所谓"自由民主"光环不再，海外"民主移植"行不通。

中国与世界关系发生历史性变迁。中国的发展壮大从根本上改变了中国人民和中华民族的前途命运，深刻影响了世界历史进程，成为世界格局演变背后的主要推动力量。一是经济竞争力增强。改革开放以来，我国国内生产总值年均实际增长9%以上，远高于同期世界经济不到3%的年均增速；党的十八大以来，我们党带领人民历史性地消除绝对贫困。我国已是国内生产总值超百万亿元的世界第二大经济体，成为120多个国家和地区的主要贸易伙伴，对世界经济增长的贡献率连续多年超过30%，全方位竞争力不断提升。二是国际影响力上升。我国日益走近世界舞台中央，提出的构建人类命运共同体、新型国际关系等理念倡议广获认可，贡献的新冠疫苗等公共产品备受欢迎，全球伙伴关系网络不断拓展，高质量共建"一带一路"稳步推进。特别是在历史关键时刻彰显担当引领：习近平主席2017年、2021年两次达沃斯演讲，一次针对保护主义、孤立主义的逆流，点亮经济全球化的灯塔；一次直面新冠肺炎疫情、政治病毒的肆虐，高举多边主义的火炬，为全人类照亮前行之路。三是制度吸引力彰显。100多年来，中国共产党团结带领中国人民取得了革命、建设、改革的伟大成就，中华民族迎来了从站起来、富起来到强起来的伟大飞跃，创造了世所罕见的经济快速发展和社会长期稳定两大奇迹，战胜了亚洲金融危机、国际金融危机、非典等一系列危机挑战，取得抗击新冠肺炎疫情斗争的重大战略成果，见证了"历史终结论"的终结、"中国崩溃论"的崩溃、"社会主义失败论"的失败，展示了马克思主义的强大生命力，在世界高高举起中国特色社会主义的光辉旗帜。

世界进入动荡变革期，不稳定性不确定性显著上升。最近一段时间以来，世界主要的特点就是一个"乱"字，这个趋势看来会延续下去。一是国际秩序变革"青黄不接"。客观上看，秩序的调整总是滞后于力量格局的变化。随着世界多极化和经济全球化深入发展，全球性挑战层出不穷，二战后建立的全球治理体系不适应当今世界发展的地方越来越多，要求国际秩序更加公正合理的呼声越来越高。个别国家仍试图搞唯我独尊，大行霸权、霸道、霸凌，执意阻挠发展中国家扩大话语权和影响力，从过去维稳防乱的既得利益者蜕变为添堵添乱的最大麻烦制造者，治理赤字、信任赤字、发展赤字、和平赤字有增无减。二是经济社会发展困局待解。习近平主席在2017年达沃斯演讲中指出的全球增长动能不足、经济治理滞后、发展失衡三大突出矛盾尚未得到有效解决，保护主义、逆全球化思潮时有抬头，贫困、失业、冲突、动荡仍在困扰世界。三是新冠肺炎疫情"雪上加霜"。疫情延宕反复，直接后果是许多国家人民生命健康受到威胁，国内发展和国际交往陷入混乱。间接影响是加剧了贫富分化、社会矛盾和发展不平衡问题，不少国家内部和国家之间的老矛盾新问题集中爆发，动荡源、风险点明显增多。世界变局进一步加速演进，国际社会正在经历多边和单边、开放和封闭、合作和对抗的重大考验。

> 理论自信

"化中国"和"中国化"相结合

面向 21 世纪,如何推进马克思主义中国化,并让世界分享马克思主义中国化理论成果,是中国马克思主义理论发展和学科建设的重要使命。

马克思主义中国化,实质上包括两个方面的基本含义。一方面,把马克思主义基本原理运用于中国具体实际,分析和解决中国实际问题。另一方面,按照马克思主义的立场、观点、方法,总结中国社会的实际发展和中国共产党的实践经验,并将其上升为科学理论,形成具有中国特色的马克思主义新的内容和形式。简言之,马克思主义中国化是"化中国"和"中国化"相结合。前者主要是理论运用于实践的过程,后者主要是实践上升为理论的过程;前者主要是理论指导和运用的过程,后者主要是理论概括和升华的过程。在对这一历史过程的把握中，有几方面经验值得重视。

马克思主义基本原理同中国具体实际相结合。分析和解决中国的实际问题，推进实践基础上的理论创新，是马克思主义中国化的根本原则。马克思主义基本原理在同各国具体实际相结合中，形成具有各国特色的马克思主义，这是马克思主义历史发展多样性的生动体现。中国共产党摒弃机械照搬马克思主义个别词句、个别结论或外国现成经验的有害做法和错误观念，立足中国实际，深刻理解和把握中国历史与现实，具体分析和解决中国实际问题，使中国化马克思主义始终成为中国社会进步和发展的光辉旗帜，成为中华民族独立和振兴的精神支柱。

始终坚持理论创新。马克思主义中国化的历史过程，以中国共产党在中国社会变革实践中的理论创新为显著特色。中国共产党的创新理论既是马克思主义的，又是中国化的；既是对中国革命、建设和改革探索过程的理论总结，又是对马克思主义所作的具有中国特色的理论概括。与时俱进作为马克思主义的理论品质，体现于马克思主义中国化整个理论与实践过程，是马克思主义中国化得以接续推进的思想精髓。贯穿于马克思主义中国化历史过程的，无论"化中国"还是"中国化"，实际上都是中国共产党对于什么是马克思主义、怎样对待马克思主义这一根本问题的实践探索和理论回答。

以实现中华民族伟大复兴为基本主题。实现中华民族伟大复兴,是中华民族近代以来最伟大的梦想。这个梦想凝聚了几代中国人的夙愿,体现了中华民族和中国人民的整体利益,是全体中华儿女的共同期盼。实现中华民族伟大复兴的中国梦,是对近代以来中国人民追求共同理想的深刻诠释和生动概括,具有坚持中国道路、弘扬中国精神、凝聚中国力量的强大感召力和影响力,彰显道路自信、理论自信、制度自信、文化自信,凸显马克思主义中国化历久弥新的理论主题。正因如此,在世界马克思主义研究交流中,我们不仅对中国特色社会主义道路、制度和文化更加自信,对中国化马克思主义更加自信,而且产生了讲清、讲深、讲透、讲好中国化马克思主义"新话"的使命感和责任感。

坚持时代化与大众化。这是一百多年来马克思主义在中国发展与传播的重要特点,也是21世纪马克思主义中国化的新要求。马克思主义中国化与其时代化、大众化是并行的。这三者之间,中国化是根本过程,时代化和大众化分别反映了这一过程的科学精神和价值取向。三者结合在一起,是对党的理论发展要求的概括,也是对中国化马克思主义特征的概括。

不断开辟 21 世纪马克思主义发展新境界

徐光春

不断开辟 21 世纪马克思主义发展新境界,是习近平总书记在庆祝中国共产党成立 95 周年大会上对全党提出的重要要求,向全世界昭告了在新的历史阶段中国共产党人自觉肩负起的一项重要历史使命。为此,习近平总书记强调"我们要以更加宽阔的眼界审视马克思主义在当代发展的现实基础和实践需要,坚持问题导向,坚持以我们正在做的事情为中心,聆听时代声音,更加深入地推动马克思主义同当代中国发展的具体实际相结合"。面向未来、面对挑战,我们党要不忘初心、继续前进,就必须不断开辟 21 世纪马克思主义发展新境界,让当代中国马克思主义放射出更加灿烂的真理光芒。

具有宽阔的眼界

不断开辟 21 世纪马克思主义发展新境界，首先要以更加宽阔的眼界审视马克思主义在当代发展的现实基础和实践需要，弄清楚、看透彻、想明白当代中国发展的具体实际。眼界决定观察问题的广度、思考问题的深度、解决问题的力度。只有具有更加宽阔的眼界，才能运用好唯物辩证法，坚持发展地而不是静止地、全面地而不是片面地、系统地而不是零碎地、普遍联系地而不是孤立地观察事物，把握客观规律，正确认识世情、国情、党情；才能从实际出发，锐意进取、大胆创新，不断有所发现、有所创造、有所前进，不断把马克思主义中国化推向前进。

具有宽阔的眼界，我们就能更好审视马克思主义在当代发展的现实基础。当前和今后相当长一个时期，摆在中国共产党和中国人民面前的最大现实，就是坚持和发展中国特色社会主义。中国特色社会主义是中国共产党带领中国人民通过艰苦实践才开创出来的，是历史的结论、人民的选择。中国特色社会主义符合马克思主义基本原理、符合社会主义建设规律、符合中国国情，是当代中国发展进步的根本方向。习近平总书记强调："党的十八大指出，坚持和发展中国特色社会主义是一项长期而艰巨的历史任务，必须准备进行具有许多新的历史特点的伟大斗争。这就告诫全党，要时刻准备应对重大挑战、抵御重大风险、克服重大阻力、解决重大矛盾，坚持和发展中国特色社会主义，坚持和巩固党的领导地位和执政地位，使我们的党、我们的国家、我们的人民永远立于不败之地。"进行具有许多新的历史特点的伟大斗争，是习近平总书记一再强调的。马克思主义就是在斗争中诞生的，也是在斗争中发展的。在进行具有许多新的历史特点的伟大斗争中坚持和发展中国特色社会主义，正是不断开辟21世纪马克思主义发展新境界的现实基础，也可以说是在21世纪不断把马克思主义中国化推向前进的"助产师"。

具有宽阔的眼界，我们就能更好审视马克思主义在当代发展的实践需要。实现"两个一百年"奋斗目标和中华民族伟大复兴的中国梦，是中国共产党带领中国人民坚持和发展中国特色社会主义的最大实践。但这毕竟是前无古人的创新实践，会遇到很多新问题新挑战。解决问题、应对挑战，我们必须高度重视理论的作用，"要根据时代变化和实践发展，不断深化认识，不断总结经验，不断实现理论创新和实践创新良性互动，在这种统一和互动中发展21世纪中国的马克思主义。"从这个意义上说，不断开辟21世纪马克思主义发展新境界，是实现"两个一百年"奋斗目标、实现中国梦的实践需要；而"两个一百年"奋斗目标、中国梦的实现，又必将开辟21世纪马克思主义发展新境界。

坚持问题导向

问题是创新的起点，也是创新的动力源。坚持问题导向，努力研究问题、解决问题，是不断开辟21世纪马克思主义发展新境界的必由之路。马克思主义本身就是在研究和解决如何解放无产阶级和全人类这样一个重大历史性课题的过程中诞生和发展起来的。马克思主义中国化的理论成果，也是中国共产党人在研究和解决中国革命、建设和改革重大问题中形成和发展起来的。毛泽东思想和中国特色社会主义理论体系的形成和发展充分说明，只有坚持问题导向，马克思主义才能在中国生根开花，才能不断焕发生机活力。

历史在发展，社会在变化。要不断开辟21世纪马克思主义发展新境界，必须坚持问题导向，在研究和解决重大问题的过程中推进马克思主义中国化。坚持和发展中国特色社会主义是当代中国共产党人肩负的重大历史使命，"怎样坚持和发展中国特色社会主义"是当代中国共产党人需要深入研究的重大历史性课题。党的十八大以来，以习近平同志为核心的党中央坚持把马克思主义基本原理同当代中国发展的具体实际相结合，以宽阔的眼界、辩证的思维、创新的实践，研究和解决怎样坚持和发展中国特色社会主义这一重大历史性课题，提出了一系列治国理政新理念新思想新战略。这些治国理政新理念新思想新战略在解决中国特色社会主义发展进程中出现的各种重大问题的同时，也不断推进着马克思主义中国化，开辟了21世纪马克思主义发展新境界。问题是发展的前奏和起因，只有把不断出现的问题研究好、解决好，党和人民的事业才能发展好。坚持和发展中国特色社会主义还会遇到各种各样的问题，只有不断研究和解决问题，才能把中国特色社会主义这篇大文章继续写下去、写精彩。这就要求我们在以习近平同志为核心的党中央领导下，坚持问题导向，聚焦我国发展和我们党执政面临的重大理论和实践问题，在研究和解决问题中努力揭示我国社会发展、人类社会发展的大逻辑大趋势，不断开辟21世纪马克思主义发展新境界。

坚持以我们正在做的事情为中心

马克思主义在中国的发展，始终是以中国共产党人正在做的事情为中心的，在服务中心、指导中心、推动中心的实践中不断得到创新发展。革命战争年代，中国共产党人紧紧围绕推翻三座大山、实现民族独立和人民解放这一中心，把马克思主义基本原理同中国革命的实际相结合，在服务、指导和推动革命斗争的伟大实践中成功地发展了马克思主义。新中国成立后，中国共产党人紧紧围绕巩固政权、发展经济、开展社会主义建设这一中心，把马克思主义基本原理同中国社会主义建设的实际相结合，在服务、指导和推动社会主义建设的伟大实践中进一步发展了马克思主义。在改革开放新时期，中国共产党人紧紧围绕改革开放、建设中国特色社会主义这一中心，把马克思主义基本原理同中国特色社会主义事业的实际相结合，在服务、指导和推动中国特色社会主义事业的伟大实践中又一次发展了马克思主义。新形势下，不断开辟21世纪马克思主义发展新境界，仍然必须坚持以我们正在做的事情为中心。

坚持以我们正在做的事情为中心，就要了解我们正在做的事情是什么。当前和今后相当长一个时期，坚持和发展中国特色社会主义是全党和全国人民的重大历史任务，是我们正在从事的艰巨而光荣的伟大事业，也是我们推动马克思主义在当代发展需要紧紧围绕的中心。这个中心总的来说就是坚持和发展中国特色社会主义，具体而言就是要实现"两个一百年"奋斗目标和中华民族伟大复兴的中国梦，就是要全面推进"五位一体"总体布局，就是要协调推进

"四个全面"战略布局,就是要树立创新、协调、绿色、开放、共享的新发展理念,就是要主动适应、把握、引领经济发展新常态,就是要发展社会主义民主政治,就是要建设社会主义文化强国,就是要改善民生和创新社会治理,就是要大力推进生态文明建设,就是要全面推进国防和军队建设,就是要推动构建以合作共赢为核心的新型国际关系,就是要不断把党的建设新的伟大工程推向前进。以我们正在做的事情为中心,就要认真研究这些事情,弄清楚这些事情在全局中的地位和作用、不同事情之间有什么关系、做好这些事情有哪些有利条件和不利因素等,从思想上、理论上就如何做好这些事情形成真知灼见,做到思想上有新创造、理论上有新概括,从而在理论与实践的互动中不断开辟21世纪马克思主义发展新境界。

坚持聆听时代声音

时代是思想之母,时代的发展变化是不断开辟21世纪马克思主义发展新境界的引擎。"21世纪马克思主义""当代中国马克思主义",突出强调的都是时代性。习近平总书记指出:"时代变化和我国发展的广度和深度远远超出了马克思主义经典作家当时的想象"。因此,推动马克思主义在当代发展,我们必须聆听时代的声音、踩着时代的足印、关注时代的变化。

聆听时代的声音,就要把握时代的特征。每一个时代都有自己的特征,不同时代马克思主义的发展必须带有那个时代的鲜明烙印、反映那个时代的鲜明特征。唯有如此,马克思主义才能为那个时代服务、为那个时代引路。当今时代的主题是和平与发展，这也是当今时代的最大特征。在这样一个大的时代背景下，我国正面临发展的机遇与挑战并存、机遇大于挑战这样一个战略机遇期。我们只有牢牢把握这一时代特征，抓住机遇、应对挑战，才能不断发展自己、增强实力、站稳脚跟。我们的理论创新只有牢牢把握这一时代特征，才能为我国在新时代的发展引路。聆听时代的声音，就要号准时代的脉搏。时代的脉搏是时代发展变化的强烈信号。当今时代，虽然和平与发展仍然是时代主题，但世界并不太平，霸权主义、强权政治仍然干扰着世界的发展；同时，随着经济全球化的深入发展和科学技术的突飞猛进，当今时代在各个领域都出现了一些新变化。马克思主义的发展必须把握这些新变化，号准时代的脉搏，从理论与实践的结合上进行研究分析，为解决时代发展中的问题提供指引，在促进时代健康发展的同时开辟自身发展新境界。聆听时代的声音，就要注意时代的回音。马克思主义在当代的发展能不能有效指导实践，必须在时代和实践的发展中经受检验。这种检验在很大程度上依靠收集和分析时代的回音。我们要全面了解经济社会发展情况，真诚听取人民群众的呼声和意见，以此检验我们的理论创新是否正确，正确的就坚持，不正确的就改正，从而不断开辟21世纪马克思主义发展新境界。

《人民日报》（2016年7月26日）

★ 拓展阅读

马克思主义中国化百年发展的宝贵经验

马克思主义中国化百年发展历史,是以马克思主义基本原理为根本遵循,以中国共产党人的初心使命为奋斗目标,以事关中国前途命运的重大问题为导向,在破解不同时代课题的过程中,不断推进马克思主义创新发展、不断推进中国社会发展进步、不断推进社会主义振兴发展的历程。我们党在推进马克思主义中国化的过程中,不断赋予马克思主义鲜明的中国特色、民族特色、时代特色,极大丰富发展了马克思主义,形成了许多宝贵经验。其中,最核心的是坚持"两个结合"。

坚持把马克思主义基本原理同中国具体实际相结合。坚持以马克思主义为指导,必须落到研究我国发展和我们党执政面临的重大理论和实践问题上来,落到提出解决问题的正确思路和有效办法上来。马克思主义的真理性,只有在同各国具体实际相结合中才能得到更充分的彰显;马克思主义的生命力,只有深深扎根在各国土壤中才能更加旺盛。新民主主义革命时期，我们党立足于经济文化落后、农民占人口绝大多数的半殖民地半封建大国的基本国情，科学运用马克思主义基本原理，建立工农联盟，探索出农村包围城市、武装夺取政权的中国革命道路，取得新民主主义革命的伟大胜利。社会主义革命和建设时期，我们党坚持马克思主义基本原理，同时立足民族、人口众多的基本国情，创造性建立了人民代表大会制度、中国共产党领导的多党合作和政治协商制度、民族区域自治制度等，为当代中国一切发展进步奠定了根本政治前提和制度基础。改革开放和社会主义现代化建设时期，我们党坚持马克思主义基本原理，深刻总结我国社会主义建设正反两方面经验，借鉴世界社会主义历史经验，开创、坚持、捍卫、发展中国特色社会主义，实现了从高度集中的计划经济体制到充满活力的社会主义市场经济体制、从封闭半封闭到全方位开放的历史性转变。

党的十八大以来，我们党坚持马克思主义基本原理，从中国特色社会主义进入新时代、我国社会主要矛盾发生转化的现实国情出发，统筹推进"五位一体"总体布局、协调推进"四个全面"战略布局，立足新发展阶段，贯彻新发展理念，构建新发展格局，推动高质量发展，实现第一个百年奋斗目标，明确实现第二个百年奋斗目标的战略安排，党和国家事业取得历史性成就、发生历史性变革，实现中华民族伟大复兴进入了不可逆转的历史进程。

坚持把马克思主义基本原理同中华优秀传统文化相结合。习近平总书记指出："要把坚持马克思主义同弘扬中华优秀传统文化有机结合起来，坚定不移走中国特色社会主义道路。"马克思主义是中国共产党人理想信念的灵魂，中华优秀传统文化是中华民族的精神命脉。我们党坚持把马克思主义基本原理同中华优秀传统文化相结合，用马克思主义真理的力量激活了伟大的中华文明，使中华文明再次迸发出强大精神力量，同时使马克思主义具有了民族形式、民族特点，成为中国共产党和中国人民的强大思想武器。毛泽东同志用"实事求是"来概括党的思想路线，邓小平同志用"小康社会"来标识当代中国发展的阶段性目标，江泽民同志提出"两个先锋队"思想，胡锦涛同志提出构建"和谐社会"，都是把马克思主义基本原理同中华优秀传统文化相结合的范例。

党的十八大以来，习近平总书记将马克思主义群众观同中华优秀传统文化中的民本思想相结合，提出"江山就是人民、人民就是江山"，形成了以人民为中心的发展思想；将马克思主义道德观与中华传统美德相结合，深入挖掘和阐发"讲仁爱、重民本、守诚信、崇正义、尚和合、求大同"等中华优秀传统文化资源，明确了新时代社会主义先进文化发展的基本要求；坚持马克思主义关于世界历史的基本原理，传承弘扬中华优秀传统文化"天下大同""协和万邦"的世界情怀，提出构建人类命运共同体、共建"一带一路"、推动新型经济全球化等一系列重大倡议；等等。所有这些，使马克思主义牢牢植根中华文化沃土，彰显中国特色、中国风格、中国气派，既不断开辟马克思主义新境界，又不断推动中华文明创新发展。

> 理论自信

遵循理论创新规律

实践没有止境,理论创新也没有止境。习近平总书记指出,要使党和人民事业不停顿,首先理论上不能停顿,要根据时代变化和实践发展,不断深化认识,不断总结经验,不断进行理论创新。这是我们事业兴旺发达的成功之道,也是理论创新的必由之路。

理论创新是实践创新的先导。理论创新为实践创新指明方向,提供基本原则和基本方法。创新的理论成果对规律的揭示越深刻、越系统,对社会发展和社会变革的引领作用、指导作用就越显著、越巨大。列宁说过,"没有革命的理论,就不会有革命的运动"。改革开放以来,我们党遵循理论创新规律,先后创立了邓小平理论,形成了"三个代表"重要思想、科学发展观,创立了习近平新时代中国特色社会主义思想,回答了在中国这样一个经济文化比较落后的国家如何建设、巩固和发展社会主义的一系列基本问题，使我们对社会主义的认识达到了一个前所未有的新高度。理论创新引领并推动实践创新，精神力量可以转化为强大物质力量，党的理论一脉相承、与时俱进使中国的面貌发生了历史性变化，极大推进了我国改革开放和社会主义现代化事业的发展。对于这一来之不易的理论创新成果，我们要倍加珍惜。

同时要清醒地认识到，我国社会主义还处于初级阶段，还面临很多没有弄清楚的问题和待解决的难题，对许多重大问题的认识和处理还在不断深化。世界上没有放之四海而皆准的发展道路和发展模式，也没有一成不变的发展道路和发展模式。过去取得的实践成果和理论成果，能够帮助我们更好面对和解决前进中的问题，但不能成为骄傲自满的理由，更不能成为继续前进的包袱。我们一定要用发展的观点坚持马克思主义、坚持社会主义。针对当前全面深化改革的艰巨任务，习近平总书记强调"理论创新对实践创新具有重大先导作用，全面深化改革必须以理论创新为先导"。

实践创新是理论创新的基础和源泉。实践创新呼唤理论创新，又为理论创新积累经验、提供材料。离开了实践创新，理论创新就成了无源之水、无本之木。实践创新的广度和深度决定理论创新的广度和深度。实践创新所积累的经验越丰富，理论创新所需要的材料就越丰富，理论创新的成果也就可能越加深刻和系统。坚持实践创新是理论创新的基础，就要尊重人民群众的首创精神，这也是我们党的传统，因为人民群众是实践的主体。邓小平同志说过，改革开放中许许多多的东西都是群众在实践中创造的。农村搞家庭联产承包责任制，这个发明权是农民的。乡镇企业异军突起、搞商品经济，是农村基层和农民创造的。人民是历史的创造者，是我们的力量源泉，改革开放积累的宝贵经验中，很重要的一条就是强调必须坚持以人为本，尊重人民主体地位和人民群众首创精神，紧紧依靠人民群众推动改革。习近平总书记指出："要鼓励地方、基层、群众解放思想、积极探索，鼓励不同区域进行差别化试点，善于从群众关注的焦点、百姓生活的难点中寻找改革的切入点，推动顶层设计和基层探索良性互动、有机结合。""从群众中来、到群众中去"的群众路线与"从实践中来、到实践中去"的认识路线，是完全一致的，理论创新与实践创新的互动关系与我们党的群众路线和认识路线，也是完全一致的。

在理论创新和实践创新的良性互动中不断增强问题意识。问题是时代的声音。理论研究归根到底是对问题的研究。我们党历来强调，要以中国革命、建设、改革的实际问题为中心研究马克思主义。离开实际问题讲理论创新和实践创新，是无的放矢，也毫无意义。习近平总书记指出，问题是事物矛盾的表现形式，我们强调增强问题意识，坚持问题导向，就是承认矛盾的普遍性、客观性，就是善于把认识和化解矛盾作为打开工作局面的突破口。社会实践丰富多彩，社会问题错综复杂，需要研究的领域十分宽广，我们必须善于从众多矛盾中抓住那些事关国家前途、民族命运、经济社会发展全局的重大问题、关键问题和前沿问题。

当前，我国社会正处于发展的关键期、改革的攻坚期和矛盾的凸显期，面临的矛盾多种多样，既有过去长期积累而成的矛盾，又有解决旧矛盾过程中产生的新矛盾，还有大量随着国内外形势变化出现的新矛盾。面对这些矛盾，我们不能熟视无睹，不能回避掩饰，不能消极应对，更不能坐视矛盾恶性转化。必须以彻底唯物主义的科学态度和一个共产党员应有的担当精神，直面矛盾，分析矛盾，解决矛盾，在这个过程中，不断推进理论创新和实践创新。"四个全面"的战略布局，就是针对现阶段制约我国发展、改革全局的重大问题而提出的，就是抓住这些重大问题进行的战略谋划和顶层设计。我们要在实践中协调推进"四个全面"，以"四个全面"实践为基础不断推进理论创新，续写好当代中国马克思主义、二十一世纪马克思主义的新篇章。

7

让理论永远跟上时代

冯鹏志

中国共产党是高度重视理论建设和理论指导的党。习近平总书记在党的十九大报告中强调，实践没有止境，理论创新也没有止境。世界每时每刻都在发生变化，中国也每时每刻都在发生变化，我们必须在理论上跟上时代。时代是思想之母，实践是理论之源。只要我们善于聆听时代声音，勇于坚持真理、修正错误，21世纪中国的马克思主义一定能够展现出更强大、更有说服力的真理力量！这些重要论述，深刻阐明了理论创新的极端重要性。习近平新时代中国特色社会主义思想，是我们党勇于推进实践基础上的理论创新，系统回答新时代坚持和发展什么样的中国特色社会主义、怎样坚持和发展中国特色社会主义这一重大时代课题形成的重大理论创新成果，也是新时代继续推进理论创新的科学指引。

习近平新时代中国特色社会主义思想是马克思主义中国化最新成果

习近平总书记指出:"中国共产党之所以能够完成近代以来各种政治力量不可能完成的艰巨任务,就在于始终把马克思主义这一科学理论作为自己的行动指南,并坚持在实践中不断丰富和发展马克思主义。"改革开放以来,我们党之所以能够开创和推进中国特色社会主义伟大事业,关键在于坚持马克思主义基本原理同中国具体实际相结合,运用马克思主义立场观点方法研究解决各种重大理论和实践问题,不断推进马克思主义中国化,科学回答了什么是社会主义、怎样建设社会主义,建设什么样的党、怎样建设党,实现什么样的发展、怎样发展等重大课题,创新了邓小平理论,形成了"三个代表"重要思想、科学发展观。围绕中国特色社会主义这个主题进行理论创新,是改革开放近40年来党的历史中的一条主线,也是中国特色社会主义不断取得重大成就的理论基础。

党的十八大以来,在新中国成立特别是改革开放以来我国发展取得的重大成就基础上,党和国家事业发生历史性变革,我国发展站到了新的历史起点上,中国特色社会主义进入了新时代,这是我国发展新的历史方位。在中国特色社会主义进入新时代后,我们党面临的各种挑战前所未有,亟须继续推进实践基础上的理论创新。以习近平同志为核心的党中央高度重视理论创新,紧紧围绕新时代坚持和发展什么样的中国特色社会主义、怎样坚持和发展中国特色社会主义这一重大时代课题,以全新的视野深化对共产党执政规律、社会主义建设规律、人类社会发展规律的认识，进行艰辛理论探索，取得重大理论创新成果，创立了习近平新时代中国特色社会主义思想。党的十八大以来，我们党之所以解决了许多长期想解决而没有解决的难题，办成了许多过去想办而没有办成的大事，开创了中国特色社会主义事业新局面，关键在于全党始终坚持以习近平新时代中国特色社会主义思想为遵循。

中国特色社会主义进入新时代，理论创新也必然进入新时代。这就要求我们保持和发扬马克思主义政党与时俱进的理论品格，勇于推进实践基础上的理论创新，在理论上不断拓展新视野、作出新概括。实现"两个一百年"奋斗目标、实现中华民族伟大复兴中国梦，需要深刻分析国际国内形势，深刻总结当代中国所发生的历史性变革和所取得的历史性成就，深刻把握新时代坚持和发展中国特色社会主义需要解决的一系列重大理论和实践问题。在这一过程中，必须不断推进实践基础上的理论创新，在理论上跟上时代，让当代中国马克思主义、二十一世纪马克思主义展现出更强大、更有说服力的真理力量。

习近平新时代中国特色社会主义思想
为理论创新指明方向

党的十八大以来，以习近平同志为核心的党中央保持和发扬马克思主义政党与时俱进的理论品格，坚持以马克思列宁主义、毛泽东思想、邓小平理论、"三个代表"重要思想、科学发展观为指导，坚持解放思想、实事求是、与时俱进、求真务实，坚持辩证唯物主义和历史唯物主义，把马克思主义基本原理同当代中国具体实际和时代特点紧密结合起来，创立了习近平新时代中国特色社会主义思想。习近平新时代中国特色社会主义思想，为不断推进理论创新指明了方向。

围绕"四个伟大"不断拓展新视野、作出新概括。以习近平同志为核心的党中央在坚持和发展中国特色社会主义的进程中，带领全党全国人民进行具有许多新的历史特点的伟大斗争，开展党的建设新的伟大工程，推进中国特色社会主义伟大事业，朝着实现中华民族伟大复兴的伟大梦想不断前进。习近平总书记在党的十九大报告中对伟大斗争、伟大工程、伟大事业、伟大梦想这"四个伟大"进行了深刻阐述。"四个伟大"的提出大大拓展了我们党在理论上的视野。在新时代，理论创新要深入阐释"四个伟大"的重大意义、"四个伟大"相互之间的关系等，为"四个伟大"的思想内涵深入人心作出新概括。

围绕"四个自信"不断拓展新视野、作出新概括。以习近平同志为核心的党中央在深刻把握时代发展趋势和历史发展规律的基础上，明确提出要坚定中国特色社会主义道路自信、理论自信、制度自信、文化自信。习近平总书记在党的十九大报告中进一步强调，全党要更加自觉地增强道路自信、理论自信、制度自信、文化自信，既不走封闭僵化的老路，也不走改旗易帜的邪路，保持政治定力，坚持实干兴邦，始终坚持和发展中国特色社会主义。"四个自信"深刻阐明了中国特色社会主义的本质属性和力量源泉。在新时代，如何深刻理解道路自信、理论自信、制度自信、文化自信之间的关系，深入把握"四个自信"与"四个伟大"之间的关系，进一步坚定"四个自信"，需要我们继续跟上时代、作出新阐释。

围绕"五位一体"总体布局和"四个全面"战略布局不断拓展新视野、作出新概括。以习近平同志为核心的党中央强调统筹推进"五位一体"总体布局、协调推进"四个全面"战略布局，确立了新形势下党和国家各项工作的战略目标、战略举措、战略原则，为实现"两个一百年"奋斗目标、实现中华民族伟大复兴中国梦打开了全新的战略视野。习近平新时代中国特色社会主义思想明确中国特色社会主义事业总体布局是"五位一体"、战略布局是"四个全面"。在新时代，理论创新的重要任务就是研究如何更好统筹推进"五位一体"总体布局、协调推进"四个全面"战略布局。

围绕以人民为中心的发展思想不断拓展新视野、作出新概括。坚持以人民为中心的发展思想，是坚持人民主体地位的内在要求，彰显了人民至上的价值取向，为当代中国适应把握引领经济发展新常态、加快转变经济发展方式提供了重要价值观指导，是以习近平同志为核心的党中央在治国理政中的鲜明价值导向。习近平新时代中国特色社会主义思想明确新时代我国社会主要矛盾是人民日益增长的美好生活需要和不平衡不充分的发展之间的矛盾，必须坚持以人民为中心的发展思想，不断促进人的全面发展、全体人民共同富裕。以人民为中心的发展思想既在价值观高度实现了对我国发展经验的深刻总结和对西方发展思想的超越，也为我们坚持和发展中国特色社会主义拓展了价值视野。在新时代，理论创新应聚焦为什么要坚持以人民为中心、如何坚持以人民为中心等问题形成新的理论成果。

围绕构建人类命运共同体不断拓展新视野、作出新概括。构建人类命运共同体理念，把中国经验、东方智慧和人类理想融为一体，向全世界传递了关于人类文明走向的中国方案、中国智慧，不仅鲜明表达了中国要做世界和平的建设者、全球发展的贡献者、国际秩序的维护者，而且为当今世界各国如何走向共同发展、共享美好未来提供了全新的世界历史视野。习近平新时代中国特色社会主义思想明确中国特色大国外交要推动构建新型国际关系，推动构建人类命运共同体。在新时代，我们要按照构建人类命运共同体的理念不断深入思考当今世界面临的重大问题，形成新的理论成果。

以上几个方面只是举其要者。事实上，新时代坚持和发展中国特色社会主义的总目标、总任务、总体布局、战略布局和发展方向、发展方式、发展动力、战略步骤、外部条件、政治保证等基本问题，都是理论创新的重点。

习近平新时代中国特色社会主义思想是理论创新的根本遵循和基本内核

勇于推进实践基础上的理论创新，在理论上不断拓展新视野、作出新概括，事关党和国家事业继往开来，事关中国特色社会主义前途命运，事关最广大人民根本利益，必须始终坚持正确方向。新形势下，在理论上不断拓展新视野、作出新概括，关键是要始终坚持以习近平新时代中国特色社会主义思想为根本遵循和基本内核。

理论创新必须始终坚持以习近平新时代中国特色社会主义思想为根本遵循。党的十八大以来，以习近平同志为核心的党中央以大气魄、大视野和大手笔开辟治国理政新境界，开创党和国家事业发展新局面，中国特色社会主义发展、中华民族复兴伟业展现出前所未有的新气象、新境界。党的十八大以来，我们党和国家各项事业之所以能开新局、谱新篇，最根本的就在于有习近平新时代中国特色社会主义思想的科学指引。习近平新时代中国特色社会主义思想贯穿着马克思主义的立场观点方法，为我们继续推进理论创新提供了科学的世界观和方法论。坚持以习近平新时代中国特色社会主义思想为根本遵循，才能在理论创新上始终坚持正确方向。

理论创新必须始终坚持以习近平新时代中国特色社会主义思想为基本内核。习近平新时代中国特色社会主义思想，涵盖新时代坚持和发展中国特色社会主义的总目标、总任务、总体布局、战略布局和发展方向、发展方式、发展动力、战略步骤、外部条件、政治保证等基本问题，涉及改革发展稳定、内政外交国防、治党治国治军等各个领域，构成一个系统完整、逻辑严密的科学理论体系。在实现"两个一百年"奋斗目标、实现中华民族伟大复兴的进程中，我们还会遇到各种各样的问题，但这些问题都不会脱离习近平新时代中国特色社会主义思想这一科学理论体系所涉及的领域。理论创新要以习近平新时代中国特色社会主义思想为基本内核，不断开辟21世纪中国马克思主义发展新境界。

《人民日报》（2017年10月25日）

★ 拓展阅读

实事求是、与时俱进的时代彰显

习近平新时代中国特色社会主义思想之所以感染人、吸引人，是因为其"接地气""新鲜"，读起来"解渴"，用起来"好使"，行起来"有效"。揭开这一神秘的"面纱"，就是这一思想始终坚持实事求是，具有与时俱进的理论品格。

实事求是，是马克思主义活的灵魂。怎样做到实事求是？首先要把"事实"搞清楚。习近平新时代中国特色社会主义思想，建立在对新时代中国特色社会主义事业面临的新情况新问题这个"事实"的科学分析和准确判断基础之上。比如，经过新中国成立以来特别是改革开放以来的发展，我国经济实力、科技实力、综合国力大大提高，但存在不同地区、不同领域之间和城乡之间发展不平衡的情况，而这种不平衡又是一些地区、领域和乡村发展不充分造成的，这就不能完全满足人民更高质量、更高水平生活需求。正是基于对这个"事实"的科学分析和准确判断，习近平总书记得出我国社会主要矛盾发生变化的科学结论，而这个结论正是中国特色社会主义进入新时代这个重大判断的基本依据。又如，党的十八大之前一段时间，腐败高发、反腐败斗争形势严峻复杂、管党治党宽松软，而许多人"温水煮青蛙"，见怪不怪，不知危险将至。正是基于对这个"事实"的准确判断，习近平总书记强调坚定不移全面从严治党、深入开展反腐败斗争，并在实践中逐步形成全面从严治党的重要思想。再如，基于对我国经济"三期叠加"这个"事实"的科学分析和准确判断，习近平总书记提出我国经济发展进入新常态、推进供给侧结构性改革等重大判断和重大举措。应该说，"十个明确""十四个坚持"的每一条，都是基于对"事实"的科学分析和准确判断得出的，无一例外。

与时俱进，是马克思主义的理论品格。"实事"，就是依据客观存在的事实，包括"时"和"势"。实事求是，就必然要求与时俱进。实事求是是与时俱进的基础，与时俱进是实事求是的必然结果。这就是理论创新的逻辑。习近平总书记运用马克思主义立场、观点、方法分析新时代中国特色社会主义的"事实"，作出一系列重大判断、重大结论，提出一系列战略举措，用一系列原创性的思想内容丰富和发展马克思主义，实现党的基本理论和指导思想又一次与时俱进。

习近平新时代中国特色社会主义思想，坚持实事求是和与时俱进相统一推进理论创新，在坚持马克思主义前提下发展马克思主义，既没有丢掉老祖宗，又讲出符合时代和实践发展实际的"新话"，是继承与发展有机统一的典范。

比如，运用科学社会主义基本原则，总结历史经验和教训，提出"中国特色社会主义最本质的特征是中国共产党领导，中国特色社会主义制度的最大优势是中国共产党领导"的论断，把党的领导制度确定为我国根本领导制度，把我们对党的领导地位和作用的认识提升到了新的高度，在理论上更加彻底，在体制机制上更加健全。

比如，运用马克思主义关于生产力和生产关系辩证统一原理，把生产力和生产关系的矛盾运动，同经济基础和上层建筑的矛盾运动结合起来观察，创造性提出推进伟大社会革命和进行伟大自我革命的"两个伟大革命"思想，宣示了我们党将革命进行到底的坚定决心。

比如，提出贯彻新发展理念、推进供给侧结构性改革、推动经济高质量发展、"发挥市场在资源配置中的决定性作用，更好发挥政府作用"和发挥我国超大规模市场优势等。这些重要思想，是对马克思主义政治经济学的新创造，书写了中国特色社会主义政治经济学的时代篇章。

比如，深刻认识马克思主义基本原理和中华优秀传统文化的相契相通之处，把中华优秀传统文化作为治国理政的重要思想文化资源，强调以马克思主义为指导，坚守中华文化立场，立足当代中国现实，结合当今时代条件，面向现代化、面向世界、面向未来，深入挖掘和阐发中华优秀传统文化的时代价值，推动中华优秀传统文化创造性转化、创新性发展，在吸取传统文化的精华中推动社会主义文化繁荣兴盛，不断铸就中华文化新辉煌，为发展社会主义先进文化指明了方向。

比如，运用和发展马克思世界历史理论，提出构建人类命运共同体的伟大构想，从全人类的宽广视角和战略高度思考审视世界历史的走向，体现了中国共产党人为世界谋大同的博大胸怀和政治理想，为正在经历百年未有之大变局的世界指明了一条光明大道。

值得一提的是，习近平新时代中国特色社会主义思想与时俱进的理论品格，还在进行伟大斗争、建设伟大工程、推进伟大事业、实现伟大梦想中得到了充分彰显。

与时俱进的理论品格在进行伟大斗争中彰显。党的十八大以来，进行具有许多新的历史特点的伟大斗争的历史任务摆在我们共产党人面前。这些斗争的时代背景、发生空间、作用场域和具体形式，都与过去都有所不同。以习近平同志为核心的党中央针对突出矛盾、破解现实问题，紧紧围绕如何应对重大挑战、抵御重大风险、克服重大阻力、解决重大矛盾进行深入思考和创新，形成了一系列理论创新成果，构成习近平新时代中国特色社会主义思想的有机组成部分。可见，伟大斗争推进理论创新，理论创新成果又指导我们成功进行伟大斗争。

与时俱进的理论品格在建设伟大工程中彰显。思想建设是党的基础性建设。要把党建设得更加坚强有力，就必须用党的创新理论武装头脑，不断培植共产党人的精神家园，永葆党的先进性和纯洁性。毋庸置疑，推进党的建设新的伟大工程，必然呼唤更多的理论创新和更大的理论突破。以理论创新为支点，党的建设新的伟大工程也必将展开新局面、取得新胜利。习近平新时代中国特色社会主义思想，丰富和发展了马克思主义党建学说，为实现管党有方、治党有力、建党有效提供了科学指南。当前，要用习近平新时代中国特色社会主义思想武装全党，为党员、干部补钙壮骨、固本培元，坚定不移推动全面从严治党向纵深发展，不断提高党的建设质量，确保党始终成为中国特色社会主义事业的坚强领导核心。

与时俱进的理论品格在推进伟大事业中彰显。社会主义在中国经历了从理想到现实、从观念到制度、从目标到道路的伟大发展。中国共产党正是在这一历史进程中成长壮大起来的，马克思主义也正是在指引这一历史进程中实现中国化的。新时代提出新课题，新课题催生新理论。习近平总书记对关系新时代党和国家事业发展的一系列重大理论和实践问题进行了深邃思考和科学判断，就新时代坚持和发展什么样的中国特色社会主义、怎样坚持和发展中国特色社会主义，建设什么样的社会主义现代化强国、怎样建设社会主义现代化强国，建设什么样的长期执政的马克思主义政党、怎样建设长期执政的马克思主义政党等重大时代课题，提出一系列原创性的治国理政新理念新思想新战略，为在新的时代条件下坚持和发展中国特色社会主义提供了科学指引。

与时俱进的理论品格在实现伟大梦想中彰显。近代以来久经磨难的中华民族实现了从站起来、富起来到强起来的历史性飞跃，当代中国比历史上任何时期都更接近、更有信心和能力实现中华民族伟大复兴的梦想。毫无疑问，只有当中国不仅在经济上、政治上而且在军事上、科技上实现强盛，不仅在物质层面而且在精神文化和思想理论层面上成为强国时，中华民族才能实现完整意义上的民族复兴。伟大时代呼唤伟大理论，伟大实践孕育伟大理论。习近平新时代中国特色社会主义思想是对马克思列宁主义、毛泽东思想、邓小平理论、"三个代表"重要思想、科学发展观的继承和发展，是当代中国马克思主义、二十一世纪马克思主义，是中华文化和中国精神的时代精华，实现了马克思主义中国化新的飞跃。

实践没有止境，理论创新也没有止境。世界每时每刻都在发生变化，中国也每时每刻都在发生变化，我们必须在理论上跟上时代，不断认识规律，不断推进理论创新、实践创新、制度创新、文化创新以及其他各方面创新。理论创新每前进一步，理论武装就要跟进一步。学懂弄通做实习近平新时代中国特色社会主义思想，就必须掌握贯穿其中的实事求是、与时俱进的理论品格，坚持用马克思主义立场观点方法观察问题、分析问题，既不脱离不断变化的实际，又不拘泥于既有观点，得出符合时代和实践发展变化的新观点，不断推进实践创新、理论创新、制度创新。只有这样，我们才能把习近平新时代中国特色社会主义思想真正学到底、悟到位，才能融会贯通、运用自如，才能真正变成自己的思维品质、思想武器。

> 理论自信

贡献独特的理论岂不自信

中国理论是坚持和发展中国特色社会主义的思想罗盘和行动指南。我们所讲的"四个自信",既源自中国道路的独特创造、源自中国制度的独特优势、源自中国文化的独特风格,也源自中国理论的独特贡献。

中国理论具有一以贯之的思想传承。理论必有所宗、有所依。中国理论的思想传承可上溯500年。社会主义的价值诉求,马克思主义的立场、观点、方法,科学社会主义的基本原则,贯穿中国理论始终。像共产主义理想、工人阶级政党领导、以公有制和按劳分配为主的经济制度、人民是历史的创造者及实现人的全面发展等中国理论的核心思想,都是从老祖宗那里继承下来的。现在有些同志称中国理论为马克思主义3.0、科学社会主义"新版本",很形象,也很好。好就好在它体现了创新与传承的水乳交融，说的是新话，但根本还是马克思主义。

思想传承也表现为站在巨人的肩上接着说。这巨人就是被称为马克思主义与中国实际相结合第一次飞跃的理论成果——毛泽东思想。正因为有毛泽东思想，才有中国理论实现新飞跃的历史与逻辑可能。毛泽东思想中关于中国社会主义道路的探索，是中国理论的直接理论准备、基本思想前提；关于社会主义社会基本矛盾和主要矛盾、正确处理社会主义建设重大关系、正确处理人民内部矛盾等，成为中国理论的宝贵思想资源。毛泽东思想活的灵魂，即实事求是、群众路线、独立自主，是中国理论"时刻不能忘、须臾不能丢的立身之本"。

中国理论具有自觉自信的中国气派。中国气派远而言之，是五千年的中华文明积淀；近而观之，是百年以来中国革命、建设、改革新文化的熏习。彰显中国气派，既是中国理论的自觉追求，更是自信的反映。它体现在形式上不搞洋八股，不唱空洞抽象的调头，话语简明朴实、新鲜活泼，为中国老百姓所喜闻乐见；更重要的是其内容与精髓上的中国立场、中国价值、中国思维。中国立场，就是让曾饱受列强欺侮、尚处于欠发达状态的中国实现经济发展、政治昌明、文化繁荣、社会和谐、生态良好，到21世纪中叶成为富强民主文明和谐美丽的社会主义现代化强国；中国价值，就是让人民自己当家作主，过上更加富裕、更有尊严的生活，让14亿多中国人民能实现自由全面发展；中国思维，就是用天人合一理念观察宇宙、用协和万邦理念思考国际、用和而不同理念构建社会、用仁者爱人理念与人相处。中国气派滋养中国，也润泽世界。当今世界面对越来越严峻的环境问题，"天人合一"为人类修复自己的家园送上一剂良药；放眼全球，各国因诸多利益纠纷甚至冲突而可能擦枪走火，"己所不欲，勿施于人"恐怕是实现各得其所的最佳选择；当人类社会越来越沉湎于发展方式"唯一解"时，"和而不同"正在告诉世界还有别样的抉择、别样的精彩。

中国理论彰显改革创新的时代精神。中国理论是开放的理论体系，随着实践的深化、时代的进步不断创新发展，以反映实践诉求、彰显时代精神。党的十八大以来，中国共产党人直面新常态、顺应新常态，实践在创新，制度在创新，理论也在创新。中国梦的提出，给当代中国社会和人民一个既有憧憬、有盼头，又能看得见、摸得着的目标，一个既科学崇高又让人喜闻乐见的理想，让中国特色社会主义更加亲和、更加清晰、更加具体。"四个全面"的战略布局，既有战略目标，又有战略举措，每一个"全面"都具有重大战略意义，让中国特色社会主义在"全面"中再续辉煌。"一带一路""新型大国关系""人类命运共同体"等一连串新话语，勾勒出中国特色社会主义和平发展道路的新图景，体现了处理当代国际关系的中国智慧和完善全球治理的中国方案；等等。习近平新时代中国特色社会主义思想,是指导我们进行具有许多新的历史特点的伟大斗争的鲜活的马克思主义,为中国理论作出了重大创新,进一步坚定着中国理论自信。

8

党的十九大最重大的理论成就

李洪峰

我们党是高举马克思主义伟大旗帜、理论上十分成熟并且不断发展的伟大政党。党的全国代表大会作为党的最高领导机关,在推动党的事业发展和党的理论建设中具有极为重要的作用。改革开放以来,党的历次全国代表大会都在理论建设上作出重要贡献。党的十九大最重大的理论成就,就是把习近平新时代中国特色社会主义思想写在党的旗帜上,确立为党必须长期坚持的指导思想,实现了党的指导思想又一次与时俱进。

把习近平新时代中国特色社会主义思想确立为党必须长期坚持的指导思想,实现了党的指导思想又一次与时俱进

党的十九大是在我国全面建成小康社会决胜阶段、中国特色社

会主义进入新时代的关键时期召开的一次十分重要的大会。这次大会分析了国际国内形势发展变化，回顾和总结了过去五年的工作和历史性变革，作出了中国特色社会主义进入了新时代、我国社会主要矛盾已经转化为人民日益增长的美好生活需要和不平衡不充分的发展之间的矛盾等重大政治论断，深刻阐述了新时代中国共产党的历史使命，提出了新时代坚持和发展中国特色社会主义的基本方略，确定了决胜全面建成小康社会、开启全面建设社会主义现代化国家新征程的目标，对新时代推进中国特色社会主义伟大事业和党的建设新的伟大工程作出了全面部署。其中，党的十九大最重大的理论成就，就是把习近平新时代中国特色社会主义思想写在党的旗帜上，确立为党必须长期坚持的指导思想，实现了党的指导思想又一次与时俱进。这一重大理论成就具有重大政治意义、理论意义、实践意义。

党的十八大是习近平新时代中国特色社会主义思想形成的历史起点。党的十八大以来的5年，以习近平同志为核心的党中央不忘初心、砥砺奋进，有效应对国际国内诸多风险和挑战，解决了许多长期想解决而没有解决的难题，办成了许多过去想办而没有办成的大事，取得全方位、开创性的历史性成就，党和国家事业发生深层次、根本性的历史性变革，中国特色社会主义进入新时代。在这个过程中，习近平总书记从理论和实践的结合上，以巨大政治勇气和强烈历史担当，围绕回答新时代坚持和发展什么样的中国特色社会主义、怎样坚持和发展中国特色社会主义这个重大时代课题，进行艰辛理论探索，取得重大理论创新成果，创立了习近平新时代中国特色社会主义思想。党的十八大以来，党和国家事业之所以能攻坚克难，全面开创新局面，从根本上说是因为有以习近平同志为核心的党中央的坚强领导，是因为有习近平同志作为党中央核心、全党核心的坚强领导，是因为有习近平新时代中国特色社会主义思想的科学指引。

全面建成社会主义现代化强国，这是党和国家面向未来最重要的任务，也是习近平新时代中国特色社会主义思想形成的时代条件。一部十九大报告，就是习近平新时代中国特色社会主义思想的科学诠释和充分体现，是我们党在新时代极富原创性、经典性、源泉性的强国论、战略论、人民论，具有承前启后、继往开来的划时代的里程碑意义。这部报告进一步指明了党和国家事业的前进方向，是我们党团结带领全国各族人民坚持和发展中国特色社会主义的政治宣言和行动纲领，也是习近平新时代中国特色社会主义思想的集中体现。党的十九大把习近平新时代中国特色社会主义思想写在党的旗帜上，确立为党必须长期坚持的指导思想，实现了党的指导思想又一次与时俱进，为夺取新时代中国特色社会主义伟大胜利、实现"两个一百年"奋斗目标和中华民族伟大复兴的中国梦提供了科学理论指导。

习近平新时代中国特色社会主义思想是一个博大精深的科学理论体系

习近平新时代中国特色社会主义思想的主题，就是从理论和实践结合上系统回答新时代坚持和发展什么样的中国特色社会主义、怎样坚持和发展中国特色社会主义这一重大时代课题。这个主题，是对邓小平理论的主题、"三个代表"重要思想的主题、科学发展观的主题的继承、发展、深化和升华。

习近平新时代中国特色社会主义思想，包括新时代坚持和发展中国特色社会主义的总目标、总任务、总体布局、战略布局和发展方向、发展方式、发展动力、战略步骤、外部条件、政治保证等基本问题，它根据新的实践对经济、政治、法治、科技、文化、教育、民生、民族、宗教、社会、生态文明、国家安全、国防和军队、"一国两制"和祖国统一、统一战线、外交、党的建设等各方面作出理论分析和政策指导。这一科学理论体系，既是中国特色社会主义理论体系的重要组成部分，又是对中国特色社会主义理论体系的重大发展。

习近平新时代中国特色社会主义思想的主要内涵，是根据新时代新征程面临的新形势新任务阐述的"八个明确"：一是明确中国特色社会主义最本质的特征是中国共产党领导，中国特色社会主义制度的最大优势是中国共产党领导，中国共产党是最高政治领导力量，全党必须增强"四个意识"、坚定"四个自信"、做到"两个维护"；二是明确坚持和发展中国特色社会主义，总任务是实现社会主义现代化和中华民族伟大复兴，在全面建成小康社会的基础上，分两步走在本世纪中叶建成富强民主文明和谐美丽的社会主义现代化强国，以中国式现代化推进中华民族伟大复兴；三是明确新时代我国社会主要矛盾是人民日益增长的美好生活需要和不平衡不充分的发展之间的矛盾，必须坚持以人民为中心的发展思想，发展全过程人民民主，推动人的全面发展、全体人民共同富裕取得更为明显的实质性进展；四是明确中国特色社会主义事业总体布局是经济建设、政治建设、文化建设、社会建设、生态文明建设五位一体，战略布局是全面建设社会主义现代化国家、全面深化改革、全面依法治国、全面从严治党四个全面；五是明确全面深化改革总目标是完善和发展中国特色社会主义制度、推进国家治理体系和治理能力现代化；六是明确全面推进依法治国总目标是建设中国特色社会主义法治体系、建设社会主义法治国家；七是明确必须坚持和完善社会主义基本经济制度，使市场在资源配置中起决定性作用，更好发挥政府作用，把握新发展阶段，贯彻创新、协调、绿色、开放、共享的新发展理念，加快构建以国内大循环为主体、国内国际双循环相互促进的新发展格局，推动高质量发展，统筹发展和安全；八是明确党在新时代的强军目标是建设一支听党指挥、能打胜仗、作风优良的人民军队，把人民军队建设成为世界一流军队；九是明确中国特色大国外交要服务民族复兴、促进人类进步，推动建设新型国际关系，推动构建人类命运共同体；十是明确全面从严治党的战略方针，提出新时代党的建设总要求，全面推进党的政治建设、思想建设、组织建设、作风建设、纪律建设，把制度建设贯穿其中，深入推进反腐败斗争，落实管党治党政治责任，以伟大自我革命引领伟大社会革命。这些战略思想和创新理念，是党对中国特色社会主义建设规律认识深化和理论创新的重大成果。习近平总书记阐述了坚持和发展中国特色社会主义的"十四条坚持"，这是对改革开放近40年和党的十八大以来5年经验的深入总结，也是对党的基本纲领、基本经验、基本要求的深度整合和升华，具有长远指导意义。

总起来说，习近平新时代中国特色社会主义思想，明确回答了我们党在新时代举什么旗、走什么路、以什么样的精神状态、担负什么样的历史使命、实现什么样的奋斗目标等重大理论和实践问题，是对马克思列宁主义、毛泽东思想、邓小平理论、"三个代表"重要思想、科学发展观的继承和发展，是马克思主义中国化最新成果，是党和人民实践经验和集体智慧的结晶，是全党全国人民为实现中华民族伟大复兴而奋斗的行动指南，必须长期坚持并不断发展。

党的生机活力首先是思想理论上的生机活力，党的创造力凝聚力战斗力首先是思想理论上的创造力凝聚力战斗力。习近平新时代中国特色社会主义思想的创立，把我们党对共产党执政规律、社会主义建设规律和人类社会发展规律的认识提高到新境界、新水平，把马克思主义中国化、时代化、大众化提高到新境界、新水平，是我们党在新时代充满生机活力、具有强大创造力凝聚力战斗力的生动表现和根本标志。

坚持用习近平新时代中国特色社会主义思想武装全党

遵循实践、认识、再实践、再认识的马克思主义认识论，党的理论创新、理论建设和理论指导的过程包括从实践上升为理论和从理论再回到实践这样两个紧密联系、相互作用的能动过程。习近平新时代中国特色社会主义思想被确立为党必须长期坚持的指导思想后,摆在全党面前最重大的政治任务,就是要下大功夫、花大气力切实抓好用习近平新时代中国特色社会主义思想武装全党的工作。

深入学习贯彻党的十九大精神,重中之重是要深入学习贯彻习近平新时代中国特色社会主义思想这一党的十九大报告的思想灵魂。全党要深刻学习领会习近平新时代中国特色社会主义思想的丰富内涵、精神实质、重大意义和历史地位,牢牢把握习近平新时代中国特色社会主义思想"八个明确",牢牢把握新时代坚持和发展中国特色社会主义"十四条坚持",认真组织好党的十九大精神宣传教育和学习培训。各级党委要坚持把政治建设摆在首位,把用习近平新时代中国特色社会主义思想武装全党作为加强党的建设的重中之重和中心环节,用理论武装工作统领领导班子建设和党的建设各项工作,推动全党更加自觉地为实现新时代党的历史使命不懈奋斗。

时代是思想之母,实践是理论之源。每个时代都会面临不同于其他时代的新问题,回答和解决这些新问题必然产生不同于其他时代的新理论和新实践。时代推动实践,实践呼唤理论,理论又引导和推动时代和实践前进。这就是时代、实践和理论相互联系、相互作用的辩证法。中国共产党是解放思想、实事求是、与时俱进、求真务实的党。我们党历来靠马克思主义真理吃饭,理论优势始终是我们党的核心优势。中国特色社会主义进入新时代,要求我们党比以往任何时代都要有更高的理论自觉,更加重视理论创新和理论建设,更加重视全党理论素养的提高。只要我们坚持用习近平新时代中国特色社会主义思想武装全党，我们党的创造力、凝聚力、战斗力就能大大提高，从而更好担负起新时代赋予我们党的进行伟大斗争、建设伟大工程、推进伟大事业、实现伟大梦想，全面建设社会主义现代化强国的崇高使命。

《人民日报》（2017年10月31日）

★ 拓展阅读

鲜明的思想标识和理论底色

马克思指出,理论在一个国家实现的程度,总是决定于理论满足这个国家的需要的程度。中国特色社会主义进入新时代,要实现"两个百年"奋斗目标,实现中华民族伟大复兴的中国梦。这是一个需要理论而且一定能够产生理论的时代,这是一个需要思想而且一定能够产生思想的时代。习近平新时代中国特色社会主义思想,正是基于新时代这一我国发展新的历史方位、根据我国社会主要矛盾新变化、顺应新的时代条件和实践要求、因应实现我们党在新时代的历史使命需要而产生并发展的。这一思想是遵循客观规律创立并根据实践发展而不断发展的科学理论体系,全面反映了我们党对共产党执政规律、社会主义建设规律、人类社会发展规律的最新认识成果。

习近平新时代中国特色社会主义思想之所以感染人、吸引人,首先就在于其真理的力量,这个真理就是马克思主义。这一科学理论体系，运用马克思主义的辩证唯物主义和历史唯物主义、政治经济学、科学社会主义的基本原理，科学分析当今中国和当今世界的现实问题，科学分析中国特色社会主义实践中的问题，用一系列新思想新观点，主要是"十个明确"和"十四个坚持"，丰富和发展了马克思主义。可以说，对马克思主义的坚定信仰，对社会主义和共产主义的坚定信念，是其鲜明的思想标识和理论底色。

习近平新时代中国特色社会主义思想体现了风雨不动、坚如磐石的共产主义理想和中国特色社会主义信念。习近平总书记反复强调"革命理想高于天"，指出"我们党从成立起就把为共产主义、社会主义而奋斗确定为自己的纲领"。我们党之所以能够经受一次次挫折而又一次次奋起，归根到底是因为我们党有远大理想和崇高追求。

20世纪80年代末90年代初，世界社会主义遭受严重曲折。有人宣称"20世纪将以社会主义的失败和资本主义的胜利而告终"，还有人妄称社会主义中国将随着"多米诺骨牌效应"而倒下。有的党员、干部因此受到影响，对共产主义心存怀疑，对社会主义信心不足。有一段时间，许多人对中国特色社会主义的内涵十分模糊，更不提"共产主义"。党的十八大以来，习近平总书记及时澄清糊涂认识、批驳错误言行、回击各种质疑，旗帜鲜明地指出，封闭僵化的老路，改旗易帜的邪路，都是绝路、死路，只有中国特色社会主义道路才能发展中国、稳定中国，才是一条通往复兴梦想的康庄大道，其最终目标就是实现共产主义。中国特色社会主义道路自信、理论自信、制度自信、文化自信的背后，就是对马克思主义、共产主义的坚定信仰，对中国特色社会主义的坚定信心。面对国内外对马克思主义、共产主义的攻击，面对国内外对中国道路、中国模式的怀疑和非议，习近平总书记一再告诫我们，要保持政治定力，做到"风雨不动安如山""千磨万击还坚劲，任尔东西南北风"。

理想信念是共产党人的精神支柱、政治灵魂和安身立命的根本。习近平总书记指出："马克思主义政党不是因利益而结成的政党，而是以共同理想信念而组织起来的政党。建设坚强的马克思主义执政党，首先要从理想信念做起。"不忘初心、牢记使命，而理想信念就是初心的重要内容，就是共产党人精神上的"钙"，没有理想信念，理想信念不坚定，精神上就会"缺钙"，就会得"软骨病"，就必然导致政治上变质、经济上贪婪、道德上堕落、生活上腐化。

现实生活中，一些党员、干部出这样那样的问题，说到底是信仰迷茫、精神迷失。习近平总书记反复告诫全党，理想信念动摇是最危险的动摇，理想信念滑坡是最危险的滑坡。面对新形势新任务新要求，提高干部素质第一位的任务是坚定理想信念，练就"金刚不坏之身"；根本途径是用科学理论武装头脑，解决好世界观、人生观、价值观这个"总开关"问题；衡量理想信念是否坚定的标准是"六个是否"，即是否能在重大政治考验面前有政治定力，是否能树立牢固的宗旨意识，是否能对工作极端负责，是否能做到吃苦在前、享受在后，是否能在急难险重任务面前勇挑重担，是否能经得起权力、金钱、美色的诱惑。

学懂弄通做实习近平新时代中国特色社会主义思想，最根本的一条，就是要深刻把握熔铸其中的坚定理想信念，筑牢信仰之基、补足精神之钙、把稳思想之舵，把理想信念建立在对科学真理的深刻理解上，建立在对历史规律的深刻把握上，建立在为人民谋利益的价值追求上，自觉做共产主义远大理想和中国特色社会主义共同理想的坚定信仰者和忠实实践者。我们必须胸怀国之大者，增强"四个意识"、坚定"四个自信"、做到"两个维护"。要善于从政治上看问题，善于把握政治大局，不断提高政治判断力、政治领悟力、政治执行力，真正做到在大是大非面前旗帜鲜明，在风浪考验面前无所畏惧，在各种诱惑面前立场坚定，在关键时刻让党信得过、靠得住、能放心。

> 理论自信

自信源于科学理论品格

　　理论品格是由理论的历史渊源、实践基础、创造主体、形成机制、思想内涵等赋予的理论属性，它决定着理论的生命力，是理论自信的关键因素。中国理论自信来源于许多方面，核心是其具有科学理论品格。

　　凝聚时代精神。中国理论是科学社会主义理论逻辑同中国社会发展历史逻辑辩证统一的理论成果，创造性地回答了在和平与发展成为时代主题、两种制度体系长期较量的条件下，在世界新科技革命迅猛发展、社会生产力发展机制深刻变革的背景下，在中国建设社会主义怎样才能紧跟时代潮流、吸收文明成果、抓住发展机遇、赢得竞争挑战的根本性问题。邓小平理论、"三个代表"重要思想、科学发展观和习近平新时代中国特色社会主义思想，都是在不同发展阶段的创新成果，都以宽阔视野、前瞻眼光、改革取向、进取精神回应时代课题、寻求前行之道。正因为具有与时俱进的鲜明理论品格，中国理论既敢于冲破落后思想观念束缚，又坚持马克思主义信仰不动摇；既勇于探索发展道路、创新体制机制，又立足中国国情、坚守基本制度；既善于借鉴人类文明优秀成果，又坚决抵制"西化""分化"冲击，体现了"千磨万击还坚劲，任尔东西南北风"的坚定自信。

坚持实践第一。实践是理论之根基、科学之命脉，是理论自信的源头。中国理论既来自实践、运用于实践，又接受实践的检验、在实践中创新和发展，贯通着实践第一的科学理论品格。在理论发展根据上，中国理论立足社会主义初级阶段的基本国情制定路线方针政策，深深扎根于中国大地，既克服了超越发展阶段的错误观念和政策，又抵制了抛弃社会主义基本制度的错误主张。在理论创新动力上，中国理论直面前进道路上的矛盾和问题，以我国改革开放和现代化建设的实际问题、以我们正在做的事情为中心，在发现和解决重大问题中提出和形成理论，根据实践的检验及时调整和完善理论，从而牢固建立在中国问题、中国经验的基础上。从这样的理论中内生的自信，不是来自先验的构想、寻章摘句的"出处"，而是来自党和人民开创新事业的迫切需要、宝贵经验和成功实践，是坚持实践第一的思想结晶。

站稳人民立场。理论自信最重要的依托和标志，是真正得到广大人民群众的认同、信服和遵从。理论作为道路、制度、文化的反映与指引，在根本上要回答"代表谁、为了谁、服务谁"的问题，政治立场成为理论品格的一项基本元素。中国理论以维护人民利益、反映人民心声、促进人民幸福为基本价值取向，赢得了人民群众的拥护和支持，获得了充分的自信。中国理论是代表人民、为了人民、服务人民的。它尊重人民主体地位、激发人民主体精神、保障人民合法权利，坚持把实现好、维护好、发展好最广大人民的根本利益作为党和国家一切工作的出发点和落脚点，把人民拥护不拥护、赞成不赞成、高兴不高兴、答应不答应作为衡量路线方针政策正确与否的根本准则，站在人民立场上处理改革重大问题、谋划改革总体思路、制定改革政策举措。如同当年新民主主义革命理论从人民中获得了自信的源泉，今天中国理论同样从人民中获得了自信的源泉。

"中国梦归根到底是人民的梦""人民对美好生活的向往，就是我们的奋斗目标"，习近平新时代中国特色社会主义思想深入人心，根本就在于其关注点和着力点都在于积极回应人民群众的热切期待、充分满足人民群众的迫切需求。中国特色社会主义进入新时代，中华民族复兴将达到什么样的历史阶段，我国将成为一个什么发展水准的国家，直接关系到我们这一代人甚至几代人的美好向往能否实现，关系到能否如期建成富强民主文明和谐美丽的社会主义现代化强国。以全面建设社会主义现代化国家满足人民幸福的美好愿景，以全面深化改革破除实现人民幸福的体制障碍，以全面依法治国夯实保障人民权利的制度基础，以全面从严治党顺应党心民心，中国理论将进一步得到人民的拥护和支持，指引中华民族开创更加美好的未来。

用习近平新时代中国特色社会主义思想武装全党

石仲泉

中华民族是为人类文明进步作出过巨大贡献的伟大民族。中国共产党作为中华文明的传承者和弘扬者，在近百年时间里为实现中华民族伟大复兴进行了艰苦卓绝的奋斗，不断创造改天换地的奇迹。经过长期努力，中国特色社会主义进入了新时代。党的十八大以来，以习近平同志为核心的党中央从理论和实践结合上系统回答了新时代坚持和发展什么样的中国特色社会主义、怎样坚持和发展中国特色社会主义这个重大时代课题，形成了习近平新时代中国特色社会主义思想。用习近平新时代中国特色社会主义思想武装全党，是当前必须着力抓好的重大政治任务。

习近平新时代中国特色社会主义思想是伟大的理论创新

中国共产党是一个不断创造历史、不断创新理论的马克思主义政党。党在诞生后即投入反帝反封建的革命洪流中，带领人民进行28年浴血奋战，取得新民主主义革命的伟大胜利，建立了新中国。随后又完成了社会主义革命。在这一过程中，我们党把马克思主义基本原理同中国革命的具体实践结合起来，形成了毛泽东思想。

改革开放以来，我们党团结带领中国人民进行新的伟大革命，破除阻碍国家和民族发展的一切思想和体制障碍，开辟了中国特色社会主义道路，使中国大踏步赶上时代。从那时起，中国特色社会主义就是党的全部理论和实践的主题，党形成的新的理论成果首先是邓小平理论，随后又有"三个代表"重要思想和科学发展观，从而形成中国特色社会主义理论体系。

党的十八大以来，以习近平同志为核心的党中央面对世界经济复苏乏力、局部冲突和动荡频发、全球性问题加剧的外部环境，面对我国经济发展进入新常态等一系列深刻变化，面对党面临的"四大考验""四种危险"和管党治党"宽松软"等突出问题，以巨大的政治勇气和强烈的责任担当推动党和国家事业发生历史性变革，使中国特色社会主义事业取得了前所未有的全方位、开创性成就。党的十八大以来，在新中国成立特别是改革开放以来我国发展取得的重大成就基础上，经过砥砺奋进，中国特色社会主义进入了新时代。它意味着我国发展站到新的历史起点，达到新的历史方位。在这一历史进程中，我们党形成了习近平新时代中国特色社会主义思想。

中国理论优势十八讲

习近平新时代中国特色社会主义思想是对中国特色社会主义进入新时代后新的实践经验的科学概括，也是对共产党执政规律、社会主义建设规律、人类社会发展规律认识的深化，具有伟大的理论创新意义。新时代到底是一个什么样的时代？习近平总书记在党的十九大报告中作出深刻阐述：是承前启后、继往开来、在新的历史条件下继续夺取中国特色社会主义伟大胜利的时代，是决胜全面建成小康社会、进而全面建设社会主义现代化强国的时代，是全国各族人民团结奋斗、不断创造美好生活、逐步实现全体人民共同富裕的时代，是全体中华儿女勠力同心、奋力实现中华民族伟大复兴中国梦的时代，是我国日益走近世界舞台中央、不断为人类作出更大贡献的时代。从这一新的历史方位出发，习近平新时代中国特色社会主义思想从理论和实践结合上系统回答了新时代坚持和发展什么样的中国特色社会主义、怎样坚持和发展中国特色社会主义这个重大时代课题。

习近平新时代中国特色社会主义思想是对马克思列宁主义、毛泽东思想、邓小平理论、"三个代表"重要思想、科学发展观的继承和发展，是马克思主义中国化最新成果，是党和人民实践经验和集体智慧的结晶，是全党全国人民为实现中华民族伟大复兴而奋斗的行动指南。这一科学理论体系紧密结合新的时代条件和实践要求，开辟了马克思主义新境界，使当代中国马克思主义展现出更强大、更有说服力的真理力量。这一科学理论体系不仅是新的历史条件下我们党治国理政的伟大纲领，而且为解决人类问题贡献了中国智慧和中国方案，具有深远世界意义。

深入理解习近平新时代中国特色社会主义思想的丰富内涵

习近平新时代中国特色社会主义思想覆盖全面、内涵丰富，具有鲜明的继承性、创新性、人民性、科学性，是一个系统完整的科学理论体系。用习近平新时代中国特色社会主义思想武装全党，必须深入理解其"八个明确"的丰富内涵。

深入理解坚持和发展中国特色社会主义的总任务。坚持和发展中国特色社会主义，总任务是实现社会主义现代化和中华民族伟大复兴。我们要在全面建成小康社会、实现第一个百年奋斗目标的基础上，乘势而上开启全面建设社会主义现代化国家新征程，向第二个百年奋斗目标进军。从 2020 年到本世纪中叶可以分两个阶段来安排。第一个阶段，从 2020 年到 2035 年，基本实现社会主义现代化。第二个阶段，从 2035 年到本世纪中叶，在基本实现现代化的基础上，再奋斗 15 年，把我国建成富强民主文明和谐美丽的社会主义现代化强国。

深入理解我国社会主要矛盾的变化。中国特色社会主义进入新时代，我国社会主要矛盾已经转化为人民日益增长的美好生活需要和不平衡不充分的发展之间的矛盾。这是关系全局的历史性变化，但并没有改变我们对我国社会主义所处历史阶段的判断，我国仍处于并将长期处于社会主义初级阶段的基本国情没有变，我国是世界最大发展中国家的国际地位没有变。社会主要矛盾的变化对党和国家工作提出了许多新要求，必须坚持以人民为中心的发展思想，不断促进人的全面发展、全体人民共同富裕。

深入理解中国特色社会主义事业的总体布局和战略布局。中国特色社会主义事业总体布局是"五位一体"、战略布局是"四个全面"。这两个布局使坚持和发展中国特色社会主义有了科学路径。我们要坚定道路自信、理论自信、制度自信、文化自信，统筹推进"五位一体"总体布局、协调推进"四个全面"战略布局，不断开创中国特色社会主义事业新局面。

深入理解全面深化改革总目标。全面深化改革总目标是完善和发展中国特色社会主义制度、推进国家治理体系和治理能力现代化。全面深化改革以促进社会公平正义、增进人民福祉为出发点和落脚点，为人民幸福安康、社会和谐稳定、国家长治久安提供一整套更完备、更稳定、更管用的制度体系。全面深化改革是涉及经济社会发展各领域的复杂系统工程，要坚决破除一切不合时宜的思想观念和体制机制弊端，突破利益固化的藩篱，吸收人类文明有益成果，充分发挥我国社会主义制度优越性。

深入理解全面推进依法治国总目标。全面推进依法治国总目标是建设中国特色社会主义法治体系、建设社会主义法治国家。必须把党的领导贯彻落实到依法治国全过程和各方面，坚定不移走中国特色社会主义法治道路，完善以宪法为核心的中国特色社会主义法律体系，建设中国特色社会主义法治体系，建设社会主义法治国家，发展中国特色社会主义法治理论。

深入理解党在新时代的强军目标。党在新时代的强军目标是建设一支听党指挥、能打胜仗、作风优良的人民军队，把人民军队建设成为世界一流军队。我们要坚持走中国特色强军之路，全面贯彻党领导人民军队的一系列根本原则和制度，确立习近平强军思想在国防和军队建设中的指导地位，坚持政治建军、改革强军、科技强军、人才强军、依法治军，坚持"五个更加注重"，实现党在新时代的强军目标。

深入理解中国特色大国外交的要旨。中国特色大国外交要推动构建新型国际关系，推动构建人类命运共同体。中国始终不渝走和平发展道路，奉行互利共赢的开放战略，坚持正确义利观，树立共同、综合、合作、可持续的新安全观，秉持共商共建共享的全球治理观，始终做世界和平的建设者、全球发展的贡献者、国际秩序的维护者。

深入理解中国特色社会主义最本质的特征。中国特色社会主义最本质的特征是中国共产党领导，中国特色社会主义制度的最大优势是中国共产党领导，党是最高政治领导力量。要牢牢把握新时代党的建设总要求，突出政治建设在党的建设中的重要地位，把党建设成为始终走在时代前列、人民衷心拥护、勇于自我革命、经得起各种风浪考验、朝气蓬勃的马克思主义执政党。

用习近平新时代中国特色社会主义思想武装全党是完成好新时代党的历史使命的迫切需要

我们党之所以能够历经艰难困苦不断创造新的辉煌，很重要的一条就是始终重视思想建党、理论强党，坚持用科学理论武装广大党员、干部的头脑，使全党始终保持统一的思想、坚定的意志、强大的战斗力。习近平新时代中国特色社会主义思想作为当代中国马克思主义、二十一世纪马克思主义，是指引完成新时代党的历史使命的理论灯塔，是进行伟大斗争、建设伟大工程、推进伟大事业、实现伟大梦想的科学理论指引。广大党员、干部要把用习近平新时代中国特色社会主义思想武装头脑作为重大政治任务切实抓紧抓好。

用习近平新时代中国特色社会主义思想武装头脑，首先要求广大党员、干部深刻领会其历史地位、丰富内涵、科学体系、精神实质、实践要求，领悟蕴含其中的新理念新论断新观点新要求，努力把零散的感性理解上升为系统的理性认识，不断提高自己的思想理论水平和政治政策水平。其次要求广大党员、干部把它同马克思列宁主义、毛泽东思想、邓小平理论、"三个代表"重要思想和科学发展观结合起来进行学习，着重掌握贯穿其中的马克思主义立场观点方法，深刻领会它所体现的中国共产党人的政治立场、价值追求、历史担当意识、真挚为民情怀、务实思想作风、科学思想方法，增强对它的政治认同、思想认同、理论认同、情感认同。再次要求广大党员、干部进一步增强"四个意识"，自觉在思想上政治上行动上同以习近平同志为核心的党中央保持高度一致，坚决维护党中央权威和集中统一领导，坚决维护习近平同志在党中央和全党的核心地位，在实际行动中全面贯彻习近平新时代中国特色社会主义思想，全面贯彻党的基本理论、基本路线、基本方略，更好引领党和人民事业发展。历史和现实一再证明，科学理论一经掌握群众，就会成为强大的物质力量。习近平新时代中国特色社会主义思想为广大党员干部、广大群众所掌握，必将成为建设新时代中国特色社会主义的磅礴力量。

《人民日报》（2017年11月9日）

★ 拓展阅读

当代中国"人民的理论"

习近平新时代中国特色社会主义思想之所以感染人、吸引人，受到广大人民群众的广泛认同和坚决拥护，就因为始终坚持以人民为中心的根本政治立场，是当代中国"人民的理论"。

坚持以人民为中心，体现马克思主义政党的根本政治立场。中国共产党人的初心和使命，就是为中国人民谋幸福、为中华民族谋复兴。这在习近平新时代中国特色社会主义思想中得到充分体现。例如，明确新时代我国社会主要矛盾是人民日益增长的美好生活需要和不平衡不充分的发展之间的矛盾，必须坚持以人民为中心的发展思想，不断促进人的全面发展、全体人民共同富裕；在新时代坚持和发展中国特色社会主义的基本方略中，强调坚持以人民为中心、坚持人民当家作主、坚持在发展中保障和改善民生；在全面建成小康社会决胜期，把精准脱贫作为必须坚决打好的三大攻坚战之一。习近平新时代中国特色社会主义思想，科学回答了为了谁、依靠谁、我是谁的问题,并具体化为以人民为中心的发展思想、以人民为中心的工作导向,具体化为检验一切工作的成效最终都要看人民是否真正得到了实惠、人民生活是否真正得到了改善、人民权益是否真正得到了保障,充分体现了人民立场这一马克思主义政党的根本政治立场。

"我是人民的勤务员""我将无我,不负人民",是对人民的深情告白和铿锵誓言。习近平总书记在不同场合重要讲话中提到最多的是人民群众,在基层调研中接触最多的也是人民群众,在决策部署中关注最多的还是人民群众。坚持以人民为中心,是贯穿于习近平新时代中国特色社会主义思想的一根红线。完全可以说,习近平新时代中国特色社会主义思想是为人民代言、为人民立言的科学理论,是书写在亿万中国人民心中的科学理论,是接地气、有温度、得民心的科学理论。

时代是出卷人,我们是答卷人,人民是阅卷人。习近平总书记指出,"人民是共和国的坚实根基,是我们党执政的最大底气",强调"以百姓心为心,与人民同呼吸、共命运、心连心,是党的初心,也是党的恒心"。坚持以人民为中心,就是要把人民放在心中最高的位置,真正使人民成为国家主人。以人民为中心的发展思想,不是一个抽象的、玄奥的概念,不能只停留在口头上、止步于思想环节,而要体现在经济社会发展各个环节,想问题、作决策、抓发展、办事情都要站在人民群众的立场上。例如,推进以人为核心的新型城镇化,办人民满意的教育,等等。同时,要不断完善人民当家作主的制度体系,健全为人民执政、靠人民执政各项制度,通过完善制度保证人民在国家治理中的主体地位。党员、干部特别是领导干部要充分尊重人民所表达的意愿、所创造的经验、所拥有的权利、所发挥的作用,把政治智慧的增长、执政本领的增强、领导艺术的提高深深扎根于人民群众的实践沃土中,不断从人民群众中汲取营养和力量,依靠人民创造历史伟业。

人民对美好生活的向往,就是我们的奋斗目标。习近平总书记反复强调,要始终坚持为中国人民谋幸福的初心,把增进民生福祉作为发展的根本目的,不断增强人民群众获得感、幸福感、安全感。意莫高于爱民,行莫厚于乐民。要坚持从维护最广大人民根本利益的高度,多谋民生之利,多解民生之忧,在学有所教、劳有所得、病有所医、老有所养、住有所居、弱有所扶等方面持续取得新进展。保障和改善民生没有终点站,只有连续不断的新起点。要把群众工作做实、做深、做细、做透,把老百姓的"柴米油盐酱醋茶"当成基层的"国家大事",认真贯彻落实中央各项惠民政策,把好事办实、实事办好。特别是各级领导干部要时刻把群众的安危冷暖放在心上,多做雪中送炭、急人之困的工作,少做锦上添花、花上垒花的虚功。

检验全面深化改革和一切工作的成效,最终都要看人民是否真正得到了实惠,人民生活是否真正得到了改善。习近平总书记是这样说的,也是这样做的。党的十八大以来,以习近平同志为核心的党中央把促进人的全面发展、全体人民共同富裕作为全部工作的出发点和落脚点,统筹发展全局,聚焦民生需求,完善制度安排,千方百计解决好人民群众最关心最直接最现实的利益问题和最急最忧最盼的突出问题，推出一批又一批叫得响、立得住、群众认可的硬招实招，推进一批又一批普惠性、基础性、兜底性的民生项目，使发展成果更多更公平惠及全体人民。特别是把实现全面建成小康社会、坚决打赢脱贫攻坚战作为全党工作的重中之重，举全党全国之力根治贫困，每年都有1000多万贫困人口脱贫，千百年来困扰中国人民的绝对贫困即将成为历史，谱写了人类反贫困史上的辉煌篇章。这一时期成为人民群众获得感、幸福感、安全感提升最快的时期。在防控新冠肺炎疫情的严峻斗争中，习近平总书记强调"始终把人民群众生命安全和身体健康放在第一位"，要求"各级党组织和广大党员干部必须牢记人民利益高于一切，不忘初心、牢记使命"，通过"武汉封城""全国驰援"等强有力措施，挽救了几万患者的生命。

民心是最大的政治，人心向背关系党的生死存亡。习近平总书记反复强调，要及时防范化解脱离群众危险，坚决同漠视侵害群众利益的行为作斗争，指出"作风问题的核心是党同人民群众的关系问题"，各级领导干部要做到"心中有党、心中有民、心中有责、心中有戒"，对漠视侵害群众利益的事深恶痛绝，对漠视侵害群众利益的人决不手软。在谈到反腐败斗争时，习近平总书记强调，不得罪成百上千的腐败分子，就得罪13亿人民，必须铁腕惩腐，坚持"老虎""苍蝇"一起打，既坚决查处领导干部违纪违法案件，又切实解决发生在群众身边的不正之风和腐败问题。相对于"远在天边"的"老虎"，群众对"近在眼前"嗡嗡乱飞的"蝇贪"感受更为真切。"微腐败"也可能成为"大祸害"，它损害的是老百姓切身利益，啃食的是群众获得感，挥霍的是基层群众对党的信任。对基层贪腐以及执法不公等问题，要认真纠正和严肃查处，维护群众切身利益，让群众更多感受到反腐倡廉的实际成果。在以习近平同志为核心的党中央坚强领导下，各级党委（党组）、纪委监委认真履行全面从严治党主体责任、监督责任，把维护群众利益作为重要政治任务，从人民群众感受最直观、反映最强烈的问题抓起，着力整治扶贫、教育、医疗、环境保护、食品药品安全等领域漠视侵害群众利益的问题，"扫黑除恶"，有力推动了党中央惠民政策的落地见效。

学懂弄通做实习近平新时代中国特色社会主义思想，必须牢牢把握以人民为中心的根本政治立场，自觉践行初心使命，以忠诚之心践行党的宗旨，以敬畏之心对待手中权力，以感恩之心履行为民之责，永远保持党同人民群众的血肉联系，不断厚植党执政的政治基础和群众基础。

 理论自信

新思想彰显新时代魅力

习近平新时代中国特色社会主义思想为何一经提出,就得到全党全军全国各族人民的热烈拥护,吸引了全世界的目光,彰显出新时代的魅力?

这是因为,新思想源自对中国人民美好生活向往的真诚回应。一种得到人民群众真诚拥护的思想理论,必定反映人民心声,与百姓意愿产生强烈共鸣。马克思列宁主义是这样,毛泽东思想是这样,邓小平理论、"三个代表"重要思想、科学发展观是这样,习近平新时代中国特色社会主义思想也是这样。新思想彰显人民至上的价值取向,所有理念、观点、论断都紧紧围绕人民利益、人民期盼展开。从习近平同志就任党的总书记第一天讲的人民对美好生活的向往就是我们的奋斗目标,到党的十九大报告提出带领人民创造美好生活是我们党始终不渝

的奋斗目标；从全面建成覆盖全民、城乡统筹、权责清晰、保障适度、可持续的多层次社会保障体系，到确保2020年我国现行标准下农村贫困人口实现脱贫、贫困县全部摘帽，无不体现着这一思想的人民立场。党的十八大以来的伟大实践，让中国人民真切认识到，习近平新时代中国特色社会主义思想是造福人民的思想，是让人民群众拥有越来越多获得感、幸福感、安全感的思想。广大人民衷心拥护，彰显着新思想的真理力量。

这是因为，新思想源自对中华民族伟大复兴的导航引领。实现中华民族伟大复兴，是近代以来中华民族最伟大的梦想。在中国共产党领导下，经过艰苦奋斗、不懈奋斗，现在我们比历史上任何时期都更接近、更有信心和能力实现中华民族伟大复兴的目标。行百里者半九十。如何引领中国人民走好民族复兴更为宏伟壮阔的新征程？习近平新时代中国特色社会主义思想指明了方向、明确了路径。习近平总书记对关系新时代党和国家事业发展的一系列重大理论和实践问题进行了深邃思考和科学判断，就新时代坚持和发展什么样的中国特色社会主义、怎样坚持和发展中国特色社会主义，建设什么样的社会主义现代化强国、怎样建设社会主义现代化强国，建设什么样的长期执政的马克思主义政党、怎样建设长期执政的马克思主义政党等重大时代课题，提出一系列原创性的治国理政新理念新思想新战略，包括回答新时代坚持和发展中国特色社会主义的总目标、总任务、总体布局、战略布局和发展方向、发展方式、发展动力、战略步骤、外部条件、政治保证等基本问题；根据新的实践对经济、政治、法治、科技、文化、教育、民生、民族、宗教、社会、生态文明、国家安全、国防和军队、"一国两制"和祖国统一、统一战线、外交、党的建设等各方面作出理论分析和政策指导。很显然，新思想是指引和照亮我们实现中华民族伟大复兴新征程的思想灯塔和精神北斗。

这是因为，新思想源自对人类前途命运的责任担当。"大道之行，天下为公。"中国共产党人始终坚持面向现代化、面向世界、面向未来。习近平新时代中国特色社会主义思想，既坚持把马克思主义普遍真理与中国现代化建设实际相结合，开辟科学社会主义发展新境界；又坚持和平发展道路，推动构建人类命运共同体。当今世界正经历百年未有之大变局，不稳定性不确定性明显增强，人类面临许多共同挑战。作为最大发展中国家和负责任大国，中国热切呼吁各国人民同心协力，建设持久和平、普遍安全、共同繁荣、开放包容、清洁美丽的世界，保护好人类赖以生存的地球家园；坚持合作共赢理念，积极推进"一带一路"建设，提供重要的国际合作平台和全球公共产品；深度参与全球治理，积极参与全球治理体系改革和建设,不断贡献中国智慧、中国力量。在推动人类命运共同体建设、共同创造人类美好未来的伟大实践中,世界感受到中国新思想的巨大魅力。

划时代的思想火炬

甄占民

唯物主义认识论告诉我们,每个时代的思想理论都是这个时代的产物,都是一定社会历史活动的结果。习近平新时代中国特色社会主义思想形成的时代背景、实践基础和理论渊源,既反映这一新思想产生的社会历史特征,又彰显它的重要历史贡献,更是我们认清其行动指南和方向引领作用的基础。正所谓"知其然还要知其所以然",学得彻底才会用得纯熟。

从当代中国、当今世界和世界社会主义发展的时空方位中去把握时代背景

时代是思想之母,思想是时代之帆。习近平新时代中国特色社会主义思想的历史方位无疑是新时代,而这个新时代的基本指向是

中国理论优势十八讲

中国发展新的历史阶段,是中国从站起来、富起来到强起来的新的历史跨越,是实现社会主义现代化、实现中华民族伟大复兴的新的历史进程。同这个新时代相伴随,当代中国共产党人面对的是如何认识中国发展的历史性成就,如何把握社会主要矛盾的发展变化,如何有效应对中国发展起来后更具复杂性、挑战性的问题,是在新的历史起点上"中国向何处去"的时代之问。一言以蔽之,就是党的十九大报告作出的重要论断:十八大以来,国内外形势变化和我国各项事业发展都给我们提出了一个重大时代课题,这就是必须从理论和实践结合上系统回答新时代坚持和发展什么样的中国特色社会主义、怎样坚持和发展中国特色社会主义。这是我们认识习近平新时代中国特色社会主义思想时代背景必须把握好的总背景、总命题,也是一个总逻辑、总线索。

中国是世界的一部分,中国的发展离不开世界。特别是在中国综合国力显著增强、对外开放程度不断加深的情况下,在中国日益走近世界舞台中央、影响日益扩大的情况下,中国的社会主义现代化之路、中华民族的复兴之路更是同人类命运、世界社会主义命运紧密联系在一起,更是作为人类文明发展、科学社会主义发展的重要方面呈现在世人面前。这成为当代中国发展一个新的显著特征,也是习近平新时代中国特色社会主义思想形成的更为恢宏的时空背景。正是基于这样的形势变化、这样的大背景,习近平总书记深刻把握当今世界你中有我、我中有你的人类命运共同体的基本特征,深刻把握当代中国坚持和发展中国特色社会主义就是真正坚持社会主义的政治逻辑,在回应中国特色社会主义向何处去的同时,也回答了"世界向何处去""世界社会主义向何处去"等一系列时代之问。

2013年1月,习近平总书记在新进中央委员会的委员、候补委员学习贯彻党的十八大精神研讨班上的重要讲话中,系统深入地回顾总结世界社会主义500年的历史过程,提出精辟的"六阶段论"思想。习近平总书记还强调从社会主义500年的大历史中把握中国特色社会主义的发展,指出社会主义从来都是在开拓中前进的,要在坚持科学社会主义原则不能丢的前提下,不断深化对中国特色社会主义规律和世界社会主义发展规律的思考和认识。习近平总书记是这样说的,也是这样做的,所作出的回答更是具有时代引领作用。"我们依然处在马克思主义所指明的历史时代",一个国家的发展道路必须与这个国家的国情和性质相适应。我们要坚持中国特色社会主义道路自信、理论自信、制度自信、文化自信,社会主义要在同资本主义"长期合作与竞争中"赢得优势。习近平总书记关于坚持和发展社会主义的一系列富有时代特征的新思想新观点,实际上已成为引领世界社会主义发展的思想旗帜。

如果再联系改革开放特别是党的十八大以来中国的发展变化,联系当今中国在世界上的地位影响,联系中国特色社会主义发展在世界范围内产生的有利于马克思主义的新发展,一个不用争辩的事实是,中国特色社会主义使世界资本主义与世界社会主义的力量对比发生深刻变化,成为代表世界社会主义运动的主流方向。正如习近平总书记所指出的:"科学社会主义在中国的成功,对马克思主义、科学社会主义的意义,对世界社会主义的意义,是十分重大的。"

从推进"四个伟大"创造性实践、历史性变革的深厚底蕴中去把握实践基础

实践是理论之源,实践进程决定思想进程。我们党领导全国人民进行革命、建设、改革的历史一再表明,实践越是艰苦卓绝、越是波澜壮阔,越是呼唤科学管用的理论、越是催生博大精深的思想。毛泽东思想是这样诞生的,邓小平理论、"三个代表"重要思想、科学发展观是这样诞生的,习近平新时代中国特色社会主义思想也是这样诞生的。

党的十八大以来的5年,以习近平同志为核心的党中央统揽伟大斗争、伟大工程、伟大事业、伟大梦想的生动实践,以巨大的政治勇气和强烈的责任担当,以一系列极具创新创造的举措,解决了许多长期想解决而没有解决的难题,办成了许多过去想办而没有办成的大事,开创了党和国家事业的新局面新气象。这一全方位、开创性的实践过程,赋予习近平新时代中国特色社会主义思想全方位、开创性的历史意义。可以说,这一新思想是在伟大实践丰厚沃土中长成的参天大树。

从量变到质变是事物发展的基本规律,但从量的积累到质的飞跃不是自然实现的,必然有其背后的促成因素和推动力量,否则量的积累就达不到应有的程度,最后一跃也不可能完成。党的十八大以后党和国家事业发生的巨变,离不开长期的积累,离不开新中国成立后特别是改革开放以来奠定的坚实基础。但为什么历史性成就、历史性变革发生在这5年?最为关键的因素就是马克思主义的政治

勇气和实践智慧，就是大胆的创新、非凡的创造，这也是历史性变革同历史性成就的内在因果关系。无论是以"永远在路上"的韧劲正风肃纪，还是以壮士断腕的勇气推进治贪反腐、以鲜明态度营造良好政治生态；无论是大刀阔斧确立四梁八柱性质的改革主体框架，还是推动经济社会各方面改革进入"施工高峰期"，都给人以脱胎换骨、焕然一新的感觉，不少措施都是"破天荒之举"。正是由于同创造性实践、历史性变革紧密相连，习近平新时代中国特色社会主义思想具有鲜明的实践特色，彰显出强大实践魅力和现实说服力。

从不忘本来、吸收外来、面向未来的集大成特点中去把握理论渊源

根深叶茂，源远流长。习近平新时代中国特色社会主义思想之所以博大精深，就在于这一新思想是站在巨人肩上的集大成之作。这里的巨人，主要是指马克思主义和中华优秀传统文化，它们是党的"本来"。我们党97年的奋斗历程，从一定意义上说就是马克思主义中国化的过程，是中华优秀传统文化传承发展的过程，是革命文化、社会主义先进文化形成的过程。在对待"本来"的问题上，习近平新时代中国特色社会主义思想有着更为坚定、更加自觉的立场态度。科学社会主义基本原则不能丢，丢了就不是社会主义；中华优秀传统文化是中华民族的"根"和"魂"；中华文化是中国特色社会主义的沃土，是中国特色社会主义的历史渊源；文化自信是更基础、更广泛、更深厚的自信，是更基本、更深沉、更持久的力量；

等等。这些不仅成为习近平新时代中国特色社会主义思想的重要内容，也成为这一新思想分析和阐明各种问题的基本思想方法。

吸收"外来"是集大成之养分所在。大海不拒细流，故能成其大。作为习近平新时代中国特色社会主义思想的主要创立者，习近平总书记在长期的成长和实践中早已练就开阔的世界眼光和战略思维。《习近平的七年知青岁月》一书讲到，他为借一本《浮士德》走了几十里山路。在河北正定当县级领导时，他就带队去美国考察农业。那个时候，中国才刚刚打开国门。党的十八大以来，习近平总书记更是反复强调，文明是多彩的，人类文明因多样才有交流互鉴的价值；文明是平等的，人类文明因平等才有交流互鉴的前提；文明是包容的，人类文明因包容才有交流互鉴的动力。事实上，正是注重对国外有益文明成果的吸收借鉴，成就了习近平新时代中国特色社会主义思想的宽广视野和博大气度，增强了这一新思想引领时代发展和世界潮流的理论价值和思想光芒。

无论是"本来"还是"外来"，都有一个在继承或吸纳中更好发展的问题，这直接决定思想理论的创新价值，也是开辟"未来"道路的核心所在。习近平新时代中国特色社会主义思想并没有停留在对"本来"和"外来"的一般性阐发和运用上，而是在继承或吸纳的基础上，更加注重立足新的实践开辟马克思主义发展新境界，注重对传统文化的创造性转化、创新性发展，注重在扬弃结合中推动人类文明发展。尤其是对共产党执政规律、社会主义建设规律、人类社会发展规律的一些重要问题的本质性把握、原理性揭示，有许多是在认识论方法论层面实现重要突破，这更表明这一新思想的原创性价值。例如，关于中国共产党的领导是中国特色社会主义最本质的特征的思想，关于社会主要矛盾发展变化的思想，关于供给侧结构性改革的思想，关于党领导人民进行伟大社会革命和勇于进行自我革命辩证关系的思想，关于建设人类命运共同体和更加美好世界的思想等，都蕴含着许多对马克思主义基本范畴、基本原理的进一步揭示，而且是系统化的揭示。讲习近平新时代中国特色社会主义思想的原创性贡献，讲这一新思想是当代中国马克思主义、21世纪马克思主义，重要的就是体现在对一些重要问题的本质性把握、原理性揭示上。

习近平新时代中国特色社会主义思想是划时代的思想火炬，是伟大实践基础上的伟大理论创造，是集大成、原创性的行动指南，是当代中国马克思主义、21世纪马克思主义。在当代中国，坚持以习近平新时代中国特色社会主义思想为指导，就是真正坚持和发展马克思主义，就是真正坚持和发展中国特色社会主义，就是真正坚持和发展科学社会主义。

《人民日报》（2018年1月23日）

★ 拓展阅读

引领中华民族强起来的伟大思想

古今中外历史兴衰和治乱交替的经验教训无不表明：思想兴则国家兴，思想强则国家强。习近平新时代中国特色社会主义思想是党的十九大报告的灵魂，是引领中华民族强起来的伟大思想。

新时代呼唤和催生能引领中华民族强起来的新思想。经过长期努力，中国特色社会主义进入了新时代，这是我国发展新的历史方位。新时代本质上是中华民族由富起来到强起来的时代。正如习近平总书记所指出的，"中国特色社会主义进入新时代，意味着近代以来久经磨难的中华民族迎来了从站起来、富起来到强起来的伟大飞跃，迎来了实现中华民族伟大复兴的光明前景"。指导思想是一个政党的精神旗帜，新时代需要新思想指引。一切划时代的思想体系都是时代需要的产物，也必然是对重大时代课题的创造性、系统性回答。要引领中华民族强起来，就必须科学回答在改革发展稳定、内政外交国防、治党治国治军各个领域出现的新问题，回答一系列"时代之问"。这些问题高度概括起来，就是要从理论和实践结合上系统回答新时代坚持和发展什么样的中国特色社会主义、怎样坚持和发展中国特色社会主义，建设什么样的社会主义现代化强国、怎样建设社会主义现代化强国，建设什么样的长期执政的马克思主义政党、怎样建设长期执政的马克思主义政党等重大时代课题。习近平新时代中国特色社会主义思想，就是在回答和解决这些重大时代课题中诞生的。

新思想是内涵丰富的科学理论体系。习近平新时代中国特色社会主义思想内涵十分丰富，其中"十个明确"是最重要、最核心的内容，高度凝练、提纲挈领地阐明了这一重大思想的主要内容，构成了系统完备、逻辑严密、内在统一的科学体系。"十四条坚持"的基本方略涵盖改革发展稳定、内政外交国防、治党治国治军各个领域，明确回答了新时代建设中国特色社会主义的领导力量、依靠力量、发展动力、发展理念、发展目的等重大问题，具有鲜明的时代特征和实践特征，是习近平新时代中国特色社会主义思想的重要组成部分。"十个明确"是侧重理论层面、指导思想层面的高度概括，"十四条坚持"是侧重实践层面、行动纲领层面的丰富展开，体现了理论与实践相结合、战略与战术相一致、认识论与方法论相统一的理论品格。"十个明确"和"十四条坚持"的核心要义和精神实质是一致的，都凝结了以习近平同志为核心的党中央对中国特色社会主义规律的认识，都是对中华民族强起来的科学谋划，必须全面统一地理解把握和贯彻落实。

新思想具有重大的理论意义、实践意义、世界意义。党的十八大以来,党和国家事业之所以能取得历史性成就、发生历史性变革,根本原因在于有习近平新时代中国特色社会主义思想的科学指引。习近平新时代中国特色社会主义思想以自身真理的力量,彰显出重大的理论意义、实践意义和世界意义。从理论意义看,这一思想既坚持了老祖宗,又谱写了新篇章,为马克思主义注入新鲜的时代内涵和实践内涵,为发展马克思主义作出许多原创性理论贡献,是当代中国马克思主义、二十一世纪马克思主义,是马克思主义中国化最新成果,在马克思主义中国化进程中具有里程碑意义。从实践意义看,这一思想从理论和实践结合上系统回答了新时代坚持和发展中国特色社会主义的总目标、总任务、总体布局、战略布局和发展方向、发展方式、发展动力、战略步骤、外部条件、政治保证等基本问题;对统筹推进"五位一体"总体布局、协调推进"四个全面"战略布局,统揽伟大斗争、伟大工程、伟大事业、伟大梦想提出一系列切实可行的战略举措,是我们党团结带领人民在新时代坚持和发展中国特色社会主义、实现社会主义现代化、实现中华民族伟大复兴的行动纲领。从世界意义看,这一思想不仅在中华民族发展史上具有重大意义,而且在世界社会主义发展史上、人类社会发展史上具有重大意义,给世界上那些既希望加快发展又希望保持自身独立性的国家和民族提供了全新选择,为解决人类问题贡献了中国智慧和中国方案。

>> 理论自信

把握理论创新的实践导向

时代是思想之母，实践是理论之源。这体现了马克思主义的实践观点，反映了长期以来我们党推进理论创新的宝贵经验，是对理论创新规律的深刻揭示。对于以改造客观世界和主观世界为使命的马克思主义政党来说，之所以要高度重视理论创新，就在于理论具有指导实践的功能。这就要求我们在理论创新中必须坚持实践导向。而理论创新坚持实践导向，关键是要坚持问题导向、时代导向、人民导向。

坚持问题导向。从实践出发，就是从实践中提出的问题出发；服务实践，就是服务于解决实践中提出的问题。问题是创新的起点，也是创新的动力源。习近平总书记指出："理论创新只能从问题开始。从某种意义上说，理论创新的过程就是发现问题、筛选问题、研究问题、解决问题的过程"。当前，我们正处在实现中华民族伟大复兴中国梦的关键阶段。改革开放和社会主义现代化建设的伟大实践所提出的新问题，包括国家未来发展面临的一系列重大战略问题，包括在统筹推进"五位一体"总体布局、协调推进"四个全面"战略布局中遇到的重大风险、重大挑战、重大阻力、重大矛盾，还包括在推进国家治理体系和治理能力现代化、参与全球治理体系变革中出现的新问题等。解决这些问题，都需要进行理论创新。

坚持时代导向。如果说问题是时代的声音，那么理论就是时代的作品。任何理论都是时代的产物，任何理论创新都是在一定程度上对时代问题的回应。只有聆听时代的声音，回应时代的呼唤，认真研究解决重大而紧迫的问题，才能真正把握住历史脉络、找到发展规律，推动理论创新。坚持时代导向，必须站在时代的高度，以更宽广的视野和更长远的眼光来思考和把握时代所提出的问题。要具有世界眼光，着眼于全球性联系与交往日渐频繁、全球治理变革日益深化，着眼于国际国内形势的相互影响、国际国内问题的相互转换，将中国命运同人类社会的命运结合起来思考，把中国问题同全球问题联系起来加以解决。要具有历史和发展的眼光，把当代中国实践所遇到的问题放在过去、现在和未来的时间轴中来思考，以历史观照现在，从未来的发展趋势分析现在，以现在为中心反思历史和探索未来。要具有系统眼光，把理论创新同科技创新、制度创新、文化创新、治理创新等结合起来，既吸收科技创新、文化创新等的成果，又为制度创新和治理创新等奠定坚实理论基础。

坚持人民导向。马克思主义所说的实践主要是指人民群众的实践，因而实践导向在很大程度上就是人民导向。马克思主义理论从根本上说，就是以实现人民解放、追求人民幸福生活和促进人的全面发展为根本宗旨的理论。这就要站在人民的立场上思考和认识问题，反映最广大人民的利益、意志，体现最广大人民的价值观。以人民对美好生活的向往为出发点，聚焦人民在追求美好生活过程中产生的新需求、遇到的新问题，重点把人民需要什么样的美好生活、怎样实现这样的美好生活想清楚、说明白。集中广大人民群众的智慧，把蕴藏在人民群众中的新创造、新经验、新智慧发掘出来、概括起来，使理论创新充分吸纳群众实践的养分、展示群众创造的能量、体现群众思考的成果。

不断开辟马克思主义新境界

方 立

习近平总书记在纪念马克思诞辰 200 周年大会上的重要讲话，深刻阐述了马克思主义是科学的理论、人民的理论、实践的理论、不断发展的开放的理论。习近平新时代中国特色社会主义思想作为马克思主义中国化最新成果，系统回答了新时代坚持和发展什么样的中国特色社会主义、怎样坚持和发展中国特色社会主义这一重大时代课题，闪耀着马克思主义真理光芒，在科学性、人民性、实践性、开放性方面开辟了马克思主义新境界，是当代中国马克思主义、二十一世纪马克思主义。

这一科学的理论深化了马克思主义关于人类社会发展规律的认识

在人类历史长河中，科学社会主义之所以能够产生重大影响，是因为它是马克思、恩格斯在科学分析人类社会特别是资本主义社会发展规律基础上创立的，是经过实践检验并在实践中不断发展的科学理论。马克思、恩格斯在唯物史观和剩余价值学说这两大发现的基础上，科学揭示了人类社会发展规律。习近平新时代中国特色社会主义思想是将马克思主义立场、观点、方法运用于当代中国具体实际的产物，在科学性和真理性上开辟了马克思主义新境界。

坚持用唯物史观研究世情国情党情，推动马克思主义与当代中国具体实际和时代特征相结合。习近平新时代中国特色社会主义思想科学分析我国社会主义初级阶段的国情新变化，明确我国现阶段的社会主要矛盾已经转化为人民日益增长的美好生活需要和不平衡不充分的发展之间的矛盾，为作出中国特色社会主义进入了新时代这一重大政治论断提供了科学依据。

坚持社会基本矛盾分析法，全面把握我国社会的基本面貌和发展方向。习近平新时代中国特色社会主义思想把我国生产力和生产关系的矛盾运动同经济基础和上层建筑的矛盾运动结合起来进行整体观察，把解放和发展生产力作为坚持和发展中国特色社会主义的根本任务，把改革开放作为坚持和发展中国特色社会主义的根本动力，加强顶层设计和整体谋划，增强各项改革的系统性、整体性、协同性，实现我国社会生产力不断发展和生产关系不断完善的有机统一、社会主义经济基础不断巩固和上层建筑不断进步的有机统一、社会全面进步和人的全面发展的有机统一。

坚持事物矛盾运动基本原理，突出问题导向，依靠改革解决发展中的问题。习近平新时代中国特色社会主义思想正确认识和处理我国长期发展积累下来的矛盾、在解决旧矛盾过程中新产生的矛盾、随着形势变化新出现的矛盾等各种矛盾，正确认识和处理经济、政治、文化、社会、生态文明以及国际关系方面的各类矛盾，正确认识和处理整体利益和局部利益、长远利益和当前利益、集体利益和个人利益、物质利益和精神利益等各种利益矛盾，在矛盾普遍性中把握矛盾的特殊性，在矛盾的对立统一中把握事物发展的规律性，在解决矛盾过程中推动经济发展和社会进步。

坚持唯物辩证法的根本方法，运用物质世界普遍联系、永恒发展、相互转化等观点观察和处理问题。习近平新时代中国特色社会主义思想把马克思主义哲学作为看家本领，坚持和发展马克思主义的思想方法和工作方法，发展和创新了战略思维、创新思维、辩证思维、法治思维、底线思维、系统思维等思想方法和工作方法，发展地而不是静止地、全面地而不是片面地、系统地而不是零散地、普遍联系地而不是孤立地观察和处理事物，在引领中国人民实现中华民族伟大复兴中国梦的实践中，灵活运用和发展了唯物辩证法的根本方法。

这一人民的理论发展了马克思主义关于人民创造历史实现美好愿望的思想体系

马克思主义博大精深，归根到底就是一句话，为人类求解放。马克思主义之所以具有跨越国度、跨越时代的影响力，就是因为它根植人民之中，指明了依靠人民推动历史前进的正道。习近平新时代中国特色社会主义思想的人民性，主要体现在始终坚持以人民为中心的根本立场上。

坚持把人民对美好生活的向往作为党的奋斗目标。这生动诠释了我们党全心全意为人民服务的根本宗旨，生动诠释了新时代中国特色社会主义的根本追求，回答了党领导人民进行奋斗究竟是为了谁这一根本问题，是新时代立党为公、执政为民的生动体现。

坚持依靠人民创造历史伟业。强调人民是决定党和国家前途命运的根本力量，必须在思想上牢固树立人民群众的主体地位，尊重人民群众的首创精神，最大限度地激发人民的创造热情，坚持把人民拥护不拥护、赞成不赞成、高兴不高兴、答应不答应作为衡量一切工作得失的根本标准，充分体现了马克思主义关于人民是真正的英雄的唯物史观。

坚持朝着实现全体人民共同富裕的方向稳步前进。把实现人民幸福作为发展的根本目的和归宿，在全民共享、全面共享、共建共享、渐进共享中不断实现好、维护好、发展好最广大人民的根本利益，在着力破解发展不平衡不充分问题的过程中不断满足人民日益增长的美好生活需要，在激励人民群众艰苦奋斗、勤劳致富、守法经营中创造美好幸福生活，生动实践了马克思主义关于未来美好社会共同富裕的思想。

坚持把党的群众路线贯彻到治国理政全部活动中。强调坚持一切为了群众、一切依靠群众，从群众中来到群众中去，把群众路线融入经济社会发展全过程、贯穿到党的全部工作之中，把党的正确主张变为群众的自觉行动，充分体现了马克思主义亲民、爱民、忧民、为民的真挚情怀。

这一实践的理论指引着中国人民改造世界的行动

实践的观点、生活的观点是马克思主义认识论的基本观点，实践性是马克思主义理论区别于其他理论的显著特征。马克思主义是人民群众改造世界的强大思想武器。习近平新时代中国特色社会主义思想以我国改革开放和社会主义现代化建设的实际问题、以我们正在做的事情为中心，着眼于马克思主义理论的运用，着眼于对实际问题的理论思考，着眼于新的实践和新的发展，为新时代坚持和发展中国特色社会主义提供了科学的世界观和方法论，在实践性方面不断开辟马克思主义新境界。

伟大的实践催生伟大的理论，伟大的理论指导伟大的实践。习近平新时代中国特色社会主义思想坚持理论和实践的有机统一，强调时代是思想之母、实践是理论之源，把调查研究作为谋事之基、成事之道，坚持一切从实际出发，毫不动摇坚持和发展中国特色社会主义；对马克思主义基本原理和中国具体实际有着准确把握，对中国的文化传统和民族心理、民族特点有着独到理解，对实现中华民族伟大复兴进程中面临的问题有着清醒认识。习近平新时代中国特色社会主义思想是中国特色社会主义"活的行动理论"，一经掌握群众，就会变成改造世界的强大物质力量。

党的十八大以来，正是坚持以习近平新时代中国特色社会主义思想为指导，我们党围绕坚持和发展中国特色社会主义，团结带领全党全国各族人民进行具有许多新的历史特点的伟大斗争，统筹推进"五位一体"总体布局，协调推进"四个全面"战略布局，推动改革开放和社会主义现代化建设取得新的重大成就，推动党和国家事业发生历史性变革，开启了中国特色社会主义新时代，为中国特色社会主义注入了新的科学内涵。党的十八大以来中国特色社会主义事业全方位、开创性成就的取得，深层次、根本性变革的发生，既为习近平新时代中国特色社会主义思想提供了坚实的实践基础，也充分体现了这一思想的巨大实践威力。

这一开放的理论体现
新时代中国实践要求也顺应世界发展潮流

马克思、恩格斯在《共产党宣言》1872年德文版序言中指出："这个《宣言》中所阐述的一般原理整个说来直到现在还是完全正确的。""这些原理的实际运用，正如《宣言》中所说的，随时随地都要以当时的历史条件为转移"。这些论述深刻表明，马克思主义具有与时俱进的开放的理论品质，总是随着实践发展和认识深化不断向前发展。习近平新时代中国特色社会主义思想有着深厚的实践基础和鲜活的时代气息，既是当代中国最鲜活的马克思主义，也是马克思主义在当今世界最生动最鲜活的实际运用，体现了马克思主义的开放性。

习近平新时代中国特色社会主义思想坚持马克思主义基本原理同当代中国具体实际和时代特征相结合，聆听人民心声，回应现实需要，深入总结中国特色社会主义实践经验和世界社会主义发展经验，不断推进理论创新、实践创新、制度创新，具有强烈的时代气息，推动科学社会主义在21世纪的中国焕发出强大生机活力。习近平新时代中国特色社会主义思想以开放的姿态借鉴人类文明的有益成果，从当今世界和平、发展、合作、共赢的时代潮流出发把握中国发展、把握人类历史发展的脉络和走向，为解决人类问题贡献了中国智慧和中国方案。习近平新时代中国特色社会主义思想具有的开放性，表明它是与中国特色社会主义发展、世界社会主义发展、人类社会发展紧密联系的科学理论，势必不断开辟马克思主义新境界。

《人民日报》(2018年8月28日)

★ **拓展阅读**

不断实现理论创新和实践创新良性互动

习近平总书记指出:"要根据时代变化和实践发展,不断深化认识,不断总结经验,不断实现理论创新和实践创新良性互动,在这种统一和互动中发展21世纪中国的马克思主义。"这不仅提出了发展21世纪中国马克思主义的要求,而且揭示了新时代马克思主义创新发展的一条重要规律:随着时代变化和实践发展,在理论创新和实践创新良性互动中实现马克思主义创新发展。

马克思主义是指导工人阶级和劳动人民改造世界的科学理论。它不只表现为理论形态,表现为一种博大精深的思想体系;而且表现为实践形态,即马克思主义指导下的社会主义实践。因而马克思主义的创新发展不仅表现为理论上的创新发展,而且表现为实践上的创新发展。

正如理论与实践有所区别一样,理论创新与实践创新也各有其内涵和特点。理论创新,是马克思主义理论在概念术语、思想观点、体系架构、研究方法等方面的创新；实践创新，则是在马克思主义指导下的社会主义实践创新，尤其是在社会主义革命、建设与改革实践中的创新，具体表现为实践目标、实践过程、实践手段的创新，尤其是马克思主义政党在发展社会主义事业中的路线方针政策上的创新。

理论创新和实践创新尽管各有其特点，但它们构成了马克思主义创新发展的两个内在方面，缺一不可。仅从其中一个方面，如只从理论创新的角度，是无法全面理解马克思主义创新发展的。只有同时观照到理论创新和实践创新两个方面，才能全面把握马克思主义创新发展的内涵和要义。

理论创新与实践创新，是两个相互联系的过程。理论创新和实践创新的互动，是指二者相互联结、相互作用、相互促进。作为马克思主义创新发展的一体两翼，理论创新与实践创新都不是独立进行和实现的，而是在与另一方的互动中完成的。理论创新离不开实践创新，是对实践创新经验的总结和升华；实践创新也不能脱离理论创新，有赖于理论创新的反哺和指导。

实践创新具有基础性意义。马克思主义的重大理论创新，往往不是从已有原理中逻辑地推论出来的；而是在指导实践的进程中，在同各国社会主义实践相结合的过程中，依靠实践上的探索和创新实现的。当社会主义实践面临新的形势、遇到新的挑战时，尤其是当原有理论不敷运用时，社会主义实践就需作出新的尝试和突破。这就是新的实践对原有理论的突破，这种突破如果在经验积累和验证方面取得了成功，就能为理论创新提供丰富素材和强大动力。

实践创新需要理论创新的支撑和引领。马克思主义的立场观点方法，是我们分析和解决问题的"利器"。但在遇到实际问题需要马克思主义指导时，一些人往往只注重马克思主义的"观点"，而不注重其"立场"和"方法"，热衷于用原有的结论来应对现实需要，这是不全面、不正确的，也是不能完全奏效的。事实上，以马克思主义为指导，指的是全面、系统地以马克思主义的立场观点方法为指导。马克思主义为人民群众谋利益的价值立场、实事求是的思想路线、唯物辩证的分析方法、按世界本来面目和客观规律认识世界的科学精神、崇尚探索创造的创新精神等，均为社会主义实践创新提供了思想理论支撑和引领。

理论创新是一个动态的过程，实践创新也是一个动态的过程，二者的互动更是如此。深入考察二者互动的过程，可发现其存在着不同的运行状态。

在理论创新过程中，其内部诸要素如概念术语、思想观点、体系架构、研究方法等既可能保持协调一致，也可能存在矛盾甚至冲突。理论家和学者只有妥善处理这些矛盾乃至冲突，才能实现理论和学术上的创新。理论创新和实践创新之间的互动也是如此。如果二者的互动不能正常运行，就可能出现理论与实践之间、理论创新与实践创新之间的矛盾冲突。承认理论创新和实践创新互动中矛盾存在的客观性和必要性，同时尽可能使二者良性互动，是顺利实现马克思主义创新发展的关键所在。

所谓良性互动，是指创新的各种要素之间，尤其是理论创新和实践创新之间形成一种顺畅有效的互动状态，即自觉地相互配合、相互激发、相互促进的和谐状态。马克思主义的创新发展，要求实践创新能够带动理论创新，但不违背理论创新本身的逻辑；要求理论创新为实践创新提供理论支撑，同时不因理论限制实践创新的推进。这些要求也会体现在人与人的关系上，即理论工作者和实际工作者应求同存异、密切合作，在推进创新过程中确立共同目标，共同致力于丰富和发展马克思主义，更好地发挥马克思主义指导新实践的作用。

　　理论创新和实践创新的良性互动，是马克思主义创新发展的最佳状态和最高境界。尽管创新是一个艰难的过程，充满新与旧的矛盾和冲突，有着探索的成功与失败，有对创新成果评价的誉与毁，但我们还是要努力让马克思主义以共识最大、冲突最小、代价最低的方式实现自己的创新发展。

理论自信

马克思主义始终与改革开放同行

40多年来,马克思主义始终与改革开放同行。在具有强大生命力的马克思主义的科学指导下,我国改革开放不断深化,既推动中国特色社会主义事业蓬勃发展,又推动马克思主义中国化深入发展。马克思主义是时代发展的产物,始终站在时代的前沿,在不断回答时代提出的重大课题中持续彰显自身的思想力量和理论魅力。全面深化改革、扩大对外开放,必须始终坚持和发展马克思主义。

树立坚持和发展马克思主义的大历史观。历史是最好的教科书。观察当代中国哲学社会科学,需要有一个宽广的视角,需要放到世界和我国发展大历史中去看。坚持和发展马克思主义,也要有这种大历史观。只要我们深入考察马克思主义诞生以来的历史，就能得出一个重要结论：无论时代如何变迁、科学如何进步，马克思主义依然显示出科学思想的伟力，依然占据着真理和道义的制高点。深入理解和把握世界社会主义发展的大历史、中国近代以来的大历史、中国共产党成立以来的大历史，必然会进一步坚定我们对马克思主义的信仰，进一步坚定中国特色社会主义道路自信、理论自信、制度自信、文化自信。

重视学习马克思主义经典著作。马克思主义就是我们共产党人的"真经"，"真经"没念好，总想着"西天取经"，就要贻误大事！念好"真经"，就要读马克思主义经典著作，原原本本地学、仔仔细细地读，须下一番真功夫、见到真成效。例如，《共产党宣言》是中国共产党人的"真经"，中国共产党人是《共产党宣言》精神的忠实传人。对于这样的经典著作，必须深入研读。要深化马克思主义经典著作研究阐释和宣传普及，让科学理论为广大干部、群众所了解所接受，画出最大的思想同心圆。

以科学的态度对待马克思主义，不断赋予马克思主义新的时代内涵。无论是在学习马克思主义经典著作的过程中，还是在以马克思主义指导中国特色社会主义的实践中，科学的态度至关重要。马克思主义的真理性，体现在它深刻揭示了自然界、人类社会、人类思维发展的普遍规律，为人类社会发展进步指明了方向；体现在它随着时代和实践的发展而不断发展，是开放的理论体系，并没有结束真理，而是开辟了通向真理的道路。以科学的态度对待马克思主义，就要不断发展马克思主义，切实学懂弄通做实习近平新时代中国特色社会主义思想。

改革开放 40 年理论创新的逻辑脉络

颜晓峰

改革开放 40 年,是中国特色社会主义开创发展的 40 年,也是中国共产党持续推进理论创新的 40 年。作为改革开放的伟大理论创新成果,中国特色社会主义理论体系引领中国共产党的面貌、社会主义中国的面貌、中国人民的面貌发生了历史性变化,让中华民族以崭新姿态屹立于世界的东方。马克思主义的生命力在于其科学性和真理性、人民性和实践性、开放性和时代性。马克思主义在当代中国的大发展,科学社会主义在中国特色社会主义理论和实践中的新形态,蕴含着理论创新不断推进、逐步深化的逻辑脉络。

坚持解放思想、实事求是，深入探索中国特色社会主义建设规律

中国共产党将马克思主义与中国具体实际相结合，创造性地形成了以解放思想、实事求是为核心的党的思想路线。解放思想、实事求是，就是解决思想落后于实际、理论滞后于实践的矛盾。解放思想，就是坚持实事求是，实现主观与客观、认识与实践的真正统一。正是坚持解放思想、实事求是，我们党从中国国情出发，破除教条主义、僵化思想的束缚，在实现中华民族伟大复兴的历史进程中不断推进马克思主义中国化，形成一系列重大理论创新成果。

改革开放始于解放思想，基于重新确立党的思想路线，由此开启中国特色社会主义伟大征程，开创中国特色社会主义理论体系。建设中国特色社会主义，是科学社会主义的创新实践，其中所要解决的矛盾问题、所要克服的阻力障碍都是前所未有的。我们既没有现成道路可以借鉴，也没有现成理论可以照搬；既不能丢"老祖宗"，又要敢于说新话，必须以开创性的政治勇气和理论勇气言前人之所未言，把马克思主义基本原理同改革开放具体实际结合起来，发展当代中国马克思主义，深入探索中国特色社会主义建设规律，为改革开放伟大实践提供科学理论指导。社会主义初级阶段理论、社会主义市场经济理论和中国特色社会主义进入新时代的重大判断等创新成果，都是我们党在解放思想、实事求是思想路线指引下取得的，是探索中国特色社会主义建设规律的认识结晶。

中国特色社会主义进入新时代，以习近平同志为核心的党中央

深刻把握中国与世界发展大势,有效统筹国内国际两个大局,勇于推进理论和实践创新,围绕重大时代课题,坚持解放思想、实事求是、与时俱进、求真务实,坚持辩证唯物主义和历史唯物主义,紧密结合新的时代条件和实践要求,以全新视野深化对共产党执政规律、社会主义建设规律、人类社会发展规律的认识,进行艰辛理论探索,取得重大理论创新成果,创立了习近平新时代中国特色社会主义思想。这一思想"八个明确""十四个坚持"的核心内容,既是理论跟上时代、不断深化规律性认识的理论创新,也是在更高起点、更高层次、更高目标上推进改革开放的行动指南。

坚持实践标准,实现实践创新与理论创新良性互动

一个哲学命题承载一段壮阔历史,一场哲学讨论改变一个国家命运。改革开放从论证实践是检验真理的唯一标准破局,从解决思想路线问题入手解决政治路线问题,开创出中国特色社会主义道路,也开辟了一条理论创新道路。这条道路坚持实践标准,在实践中检验和发展真理;坚持理论先导,以理论创新引领实践创新,实现理论创新与实践创新良性互动。在改革开放新颖、丰富、深刻、复杂的实践基础上,中国特色社会主义理论体系的科学性和真理性日益彰显,指引中国特色社会主义实践不断开拓前进。实践之树常青。实践标准的确立为理论创新提供不竭源泉,赋予强大生命力。

习近平总书记在党的十九大报告中指出,"时代是思想之母,实践是理论之源。只要我们善于聆听时代声音,勇于坚持真理、修正

错误，二十一世纪中国的马克思主义一定能够展现出更强大、更有说服力的真理力量！"这是对改革开放 40 年来我们党坚持在实践中检验和发展真理的经验总结。可以说，实践与理论相互促进，实践创新与理论创新良性互动，构成改革开放以来理论创新的基本逻辑。这保证了党的理论创新始终具有深厚的实践基础、强劲的实践动力、科学的实践标准和高度的科学性真理性。

党的十八大以来，我们党进行伟大斗争、建设伟大工程、推进伟大事业、实现伟大梦想的实践活动，构成习近平新时代中国特色社会主义思想的实践源泉，彰显理论创新和实践创新的有机统一。统筹推进"五位一体"总体布局、协调推进"四个全面"战略布局，既是重大战略思想，又是重大战略部署和战略实践。党和国家事业取得全方位开创性成就、发生深层次根本性变革，正是在习近平新时代中国特色社会主义思想指导下实现的。实践证明，习近平新时代中国特色社会主义思想已成为新时代"中国号"巨轮乘风破浪、行稳致远的思想罗盘。

坚持问题导向，在回答和解决重大问题中推进理论创新

理论发展的动力在于提出和解决问题，理论体系的构建要围绕问题，理论创新的逻辑起点是坚持问题导向、强化问题意识。这就要求理论创新从具体实际出发，从客观存在的矛盾出发，从解决矛盾和问题出发。正如习近平总书记所强调的，"要有强烈的问题意识，以重大问题为导向，抓住重大问题、关键问题进一步研究思

考，找出答案，着力推动解决我国发展面临的一系列突出矛盾和问题。"

改革开放以来，党的创新理论都是在敏锐把握、深刻回答中国特色社会主义实践提出的一系列重大问题中创立和发展的。以邓小平同志为主要代表的中国共产党人，紧紧围绕什么是社会主义、怎样建设社会主义的重大问题，形成了建设中国特色社会主义的路线方针政策，创立了邓小平理论。以江泽民同志为主要代表的中国共产党人，深化对建设什么样的党、怎样建设党的认识，推进党的建设新的伟大工程，形成了"三个代表"重要思想。以胡锦涛同志为主要代表的中国共产党人，深刻认识和回答新形势下实现什么样的发展、怎样发展的重大问题，形成了科学发展观。事实证明，正是在提出和回答重大问题过程中，形成了中国特色社会主义理论体系的重大理论成果，实现了中国特色社会主义理论体系的与时俱进。

新时代产生新课题，新课题催生新思想。习近平新时代中国特色社会主义思想，是在系统回答重大时代课题中形成的科学思想。新时代坚持和发展什么样的中国特色社会主义、怎样坚持和发展中国特色社会主义这一重大时代课题，是思考和筹划新时代坚持和发展中国特色社会主义的历史使命、基本方略、战略安排、重大部署等重大问题的基石与依据。习近平新时代中国特色社会主义思想的科学理论体系紧紧围绕重大时代课题展开，集中体现了新时代中国共产党人与时俱进推进理论创新的辉煌成就。

坚持人民立场，确立理论创新的根本价值追求和评价准则

人民是历史的创造者，是决定党和国家前途命运的根本力量。从理论与实践的关系看理论创新，理论从实践中来、到实践中去；从理论与人民的关系看理论创新，理论从人民中来、到人民中去。这是坚持历史唯物主义在理论创新上的重要体现。

坚持人民主体地位，就要把党的群众路线贯彻到治国理政全部活动之中、贯彻到理论创新整个过程之中。理论创新依据实践标准，而社会实践标准的根本原则是人民认同不认同、支持不支持、践行不践行。在中国特色社会主义理论体系中，真理标准与价值标准、实践标准与人民标准、认识路线与群众路线是高度统一、相辅相成的。

改革开放 40 年来特别是党的十八大以来，党的理论创新始终坚持人民立场，坚持以人民为中心，把解放和发展社会生产力作为中国特色社会主义的根本任务，就是为了让广大人民群众摆脱贫困，从解决温饱、达到小康到建成全面小康，进而逐步实现共同富裕。党的先进性归根到底体现在党在推动历史前进中的作用，其中包含着维护和实现最广大人民根本利益。我们党提出发展的根本方法是统筹兼顾，针对的就是收入分配差距拉大趋势尚未根本扭转、仍存在相当数量的城乡贫困人口和低收入人口等现实问题。谋划从全面建成小康社会到基本实现社会主义现代化、再到全面建成社会主义现代化强国的战略安排，实质上就是把人民对美好生活的向往作为奋斗目标，依靠人民创造历史伟业，最终实现中华民族伟大复兴的中国梦。

改革开放 40 年理论创新的经验

40 年的改革开放，筚路蓝缕；40 年的理论创新，玉汝于成。改革开放 40 年，我们之所以取得丰硕的理论创新成果，就在于我们始终高举马克思主义旗帜，并从实际出发，创造性地运用和发展马克思主义；就在于我们始终不忘初心、牢记使命，坚持把人民放在最高的位置；就在于我们始终披荆斩棘，与时俱进，不断破解发展中的难题和挑战。

始终坚持马克思主义中国化。中国共产党建立伊始，就把马克思主义写在自己的旗帜上。但是，如何运用马克思主义指导实践，我们党是付出了艰辛探索的。马克思在《共产党宣言》1872 年德文版序言指出："这些原理的实际运用，正如《宣言》中所说的，随时随地都要以当时的历史条件为转移。"正是以此为依据，毛泽东同志在党的六届六中全会上提出了马克思主义中国化问题，并强调"使马克思主义在中国具体化，使之在其每一表现中带着必须有的中国的特性，即是说，按照中国的特点去应用它，成为全党亟待了解并亟须解决的问题"。改革开放 40 年来，我们以马克思主义为指导，坚持科学社会主义基本原则，运用马克思主义的辩证唯物主义和历史唯物主义，运用马克思主义的认识论和方法论，不断解决改革开放进程中的一系列难题，不断推进马克思主义中国化。改革开放开辟了实事求是、一切从实际出发、从本国国情出发的中国特色社会主义道路，实现了发展中国家走向现代化的民族性、内生性发展，使中国大踏步赶上了时代，为发展中国家迈向现代化提供了全新选择;形成了来自实践、又指导实践的不断发展的中国特色社会主义理论,既证明了马克思主义的科学性和真理性,又赋予马克思主义新的内涵,展现了马克思主义的生机活力,为解决人类发展问题提供了中国智慧,为人类的政治文明发展作出了贡献。实践证明,坚持马克思主义基本原理同中国具体实际相结合、不断推进马克思主义中国化是完全正确的。

始终坚守以人民为中心。始终同人民在一起,为人民利益而奋斗,是马克思主义政党同其他政党的根本区别。《共产党宣言》要求共产党人"没有任何同整个无产阶级的利益不同的利益",为人民服务成为中国共产党最闪亮的名片。40年来,我们党始终把实现最广大人民的根本利益作为我们的出发点和落脚点。邓小平同志提出,把是否有利于提高人民的生活水平作为衡量工作得失的标准;将实现共同富裕提高到社会主义本质的高度来认识。"三个代表"重要思想和科学发展观都要求,始终把实现好、维护好、发展好最广大人民的根本利益作为党和国家一切工作的出发点和落脚点。进入新时代,习近平总书记进一步明确提出了以人民为中心的发展思想。将人民放在心中的最高位置,是习近平总书记鲜明的执政理念,他反复强调:"只要我们深深扎根人民、紧紧依靠人民,就可以获得无穷的力量,风雨无阻,奋勇向前。"以人民为中心,实现发展为了人民、发展依靠人民、发展成果由人民共享,就像一条红线,贯穿改革开放的全过程,既是我们党一切工作的出发点和落脚点,也是取得辉煌成就的根本所在。

始终探索回答时代之问。始终站在时代前沿,不断探索时代发展提出的新课题、回应人类社会面临的新挑战，是马克思主义的理论品质，也是中国特色社会主义理论的鲜明特色。习近平总书记指出："当代中国正经历着我国历史上最为广泛而深刻的社会变革，也正在进行着人类历史上最为宏大而独特的实践创新。这种前无古人的伟大实践，必将给理论创造、学术繁荣提供强大动力和广阔空间。"改革开放40年来，我们党不断探索和回答时代之问，形成具有强烈时代性和实践性的中国特色社会主义理论。改革开放之初，邓小平同志谈道："什么叫社会主义，什么叫马克思主义？我们过去对这个问题的认识不是完全清醒的。"他说："我们的经验教训有许多条，最重要的一条，就是要搞清楚这个问题。"进而提出一个时代课题："什么是社会主义，如何建设社会主义"。1992年邓小平同志对社会主义本质论的概括，明确回答了这个问题，并辅之以一系列的创新理论，在探索社会主义建设规律上迈出一大步。在世界社会主义事业遭遇重大挫折时，我们党及时提出了"建设什么样的党、怎样建设党"的问题，形成了"三个代表"重要思想，为共产党执政规律的探索提供了新经验。进入21世纪，改革发展再次遇到挑战，"实现什么样的发展、怎样发展"成为必须破解的时代难题。由此，我们的理论创新再出发，形成了科学发展观，解决了为谁发展、怎样发展的问题，使中国特色社会主义跃上新台阶，丰富了人类社会发展规律。党的十八大以来，我们要回答"坚持和发展什么样的中国特色社会主义，怎么样坚持和发展中国特色社会主义"的时代之问。以习近平同志为核心的党中央以巨大的政治勇气和强烈的责任担当，开辟了理论创新的新境界，创立了习近平新时代中国特色社会主义思想。与时俱进，迎难而上，砥砺前行，破解时代之问，这就是40年来我们党理论创新不断产生飞跃的原因之所在。

《人民日报》（2018年12月12日）

★ 拓展阅读

实践品格的鲜亮呈现

马克思指出,理论一经掌握群众,也会变成物质力量。习近平新时代中国特色社会主义思想,聚焦伟大斗争、伟大工程、伟大事业、伟大梦想,科学把握世界和中国发展大势,直面前进道路上的各种矛盾、风险和挑战,提出一系列新理念新思想新战略,是党和人民实践经验和集体智慧的结晶,呈现出马克思主义鲜明的实践品格。而这一鲜明的实践品格,主要体现于"敢上刀山"、直面挑战的强烈历史担当。

"我的执政理念,概括起来说就是:为人民服务,担当起该担当的责任。"党的十八大闭幕后,习近平总书记同中外记者见面时讲,全党同志的重托,全国各族人民的期望,是对我们做好工作的巨大鼓舞,也是我们肩上的重大责任,这个重大责任,就是对民族的责任、对人民的责任、对党的责任。保持对党和人民的责任担当、对中华民族乃至人类社会发展进步的责任担当、对世界社会主义事业的责任担当，不畏难不避险，是习近平新时代中国特色社会主义思想的一个鲜明政治品格。

坚定不移全面从严治党，体现对党的责任担当。党的十八大前有一段时间，党内腐败高发多发，反腐败形势严峻复杂，如果不采取霹雳手段进行整治，党确实存在失去民心、丧失执政地位的危险。在这样的形势下，以习近平同志为核心的党中央采取断然措施大力推进全面从严治党这场伟大自我革命，从颁布执行中央八项规定、开展党的群众路线教育实践活动开局起步，以钉钉子精神整治形式主义、官僚主义、享乐主义和奢靡之风，持续正风肃纪，成功刹住了一些过去被认为不可能被刹住的歪风邪气，党风政风社会风气为之一新。同时，以"得罪千百人，不负十三亿"的坚定决心、以中外历史上不曾有过的力度推进反腐败斗争，坚持无禁区、全覆盖、零容忍，坚持重遏制、强高压、长震慑，不搞"刑不上大夫"、不容许出现"铁帽子王"，做到上不封顶、下不封底、有腐必反、除恶务尽，取得反腐败斗争压倒性胜利并全面巩固，有力消除了党和国家内部存在的严重隐患，党心军心民心为之大振。全面从严治党重塑了党内政治生态，使党得到了革命性锻造，焕发出新的强大生机活力。

坚定推进全面深化改革，体现对事业的责任担当。中国特色社会主义进入新时代，制约我国事业发展的体制机制弊端进一步显现。而我国改革进入了攻坚期和深水区，普惠式改革已经完成，剩下的都是难啃的硬骨头，面临的都是深层次的、系统性的问题，遇到的阻力越来越大，面对的暗礁、潜流、漩涡越来越多。在这种形势下，以习近平同志为核心的党中央知难而进、迎难而上，逢山开路、遇河架桥，以前所未有的力度推进全面深化改革这场广泛而深刻的社会革命，几年来推出了2000多项改革举措，打出了一套漂亮的改革"组合拳"，极大增强了全社会发展活力和创新活力。勇于打破现有利益格局，破除各种体制机制弊端，排除各方面阻力，体现的是强烈的担当精神。

严格保护生态环境，体现对人民和民族根本利益的责任担当。改革开放以来，我国经济发展取得巨大成就，也积累了大量生态环境问题，一段时间内成为民生之患、民心之痛。更可怕的是，许多人把经济增长与良好生态环境对立起来。在这种情况下，以习近平同志为核心的党中央着眼于中华民族的永续发展和人民群众对优美生态环境的需要，提出"绿水青山就是金山银山"理念，以最严格的制度保护生态环境，坚决扭转过去那种以牺牲生态环境为代价追求经济增长的竭泽而渔发展方式，污染治理力度之大、制度出台频度之密、监管执法尺度之严、环境质量改善速度之快前所未有，推动生态环境发生了历史性、转折性、全局性变化。

推动构建人类命运共同体，体现对人类社会发展进步的责任担当。当今世界正面临百年未有之大变局，人类又一次站在了和平与动荡、全球化与逆全球化、合作共赢与零和博弈的十字路口，"世界向何处去"成为人类社会共同面临的重大课题。在这一重大历史关头，习近平总书记提出构建人类命运共同体的理念，成为引领时代发展潮流和人类文明进步方向的鲜艳旗帜，在全球范围内产生了广泛而深刻的影响。以习近平同志为核心的党中央决定维护世界多边贸易体制，同单边主义、保护主义、霸凌主义进行坚决斗争，"站在历史正确的一边",体现了对全人类共同利益的责任担当。习近平总书记倡导发起的"一带一路"倡议,提出的全球治理观、新安全观、新发展观、正确义利观等一系列占据国际道义制高点的全新理念,采取的扩大对外开放、让更多国家搭乘中国发展快车的积极举措,为人类社会发展进步贡献了中国智慧、中国方案、中国力量,展现出宽阔的胸襟和历史的担当。

中国特色社会主义进入新时代,"意味着科学社会主义在二十一世纪的中国焕发出强大生机活力,在世界上高高举起了中国特色社会主义伟大旗帜;意味着中国特色社会主义道路、理论、制度、文化不断发展,拓展了发展中国家走向现代化的途径,给世界上那些既希望加快发展又希望保持自身独立性的国家和民族提供了全新选择,为解决人类问题贡献了中国智慧和中国方案",习近平总书记对世界社会主义事业的责任担当跃然纸上。

理论的功能在于指导实践,学习的目的全在于运用。学懂弄通做实习近平新时代中国特色社会主义思想,必须坚持实践第一的观点,在实际工作中长期坚持,用于指导实践、推动工作;坚持以我们正在做的事情为中心,推动这一马克思主义中国化最新成果落地生根、不断发展。要掌握贯彻其中的强烈的历史担当精神,发扬斗争精神,敢于担当作为,坚持守土有责、守土担责、守土尽责,勇于进行具有许多新的历史特点的伟大斗争,面对大是大非问题敢于发声亮剑,面对矛盾敢于迎难而上,面对危机敢于挺身而出,面对失误敢于承担责任,面对歪风邪气敢于坚决斗争,练就敢担当、善作为的硬脊梁、铁肩膀、真本领,切实当好敢于斗争的战士,不当爱惜羽毛的绅士。各级党组织也要增强担当意识，旗帜鲜明为敢于担当的干部担当、为勇于负责的干部负责，落实好"三个区分开来"要求，防范和化解不担当不作为风险，积极营造有利于干部干事创业的良好氛围。

> **理论自信**

在守正创新中推进理论自信与自强

我们党坚持把马克思主义基本原理同中国具体实际相结合、同中华优秀传统文化相结合,不断推进马克思主义中国化,用中国化的马克思主义指导伟大自我革命和党领导的伟大社会革命,推动中华民族伟大复兴进入了不可逆转的历史进程。

坚持把马克思主义基本原理同中国具体实际相结合,是我们党的优良传统。1938年毛泽东同志在党的六届六中全会上指出:"马克思主义必须和我国的具体特点相结合并通过一定的民族形式才能实现。"40多年后邓小平同志强调:"把马克思主义的普遍真理同我国的具体实际结合起来,走自己的道路,建设有中国特色的社会主义,这就是我们总结长期历史经验得出的基本结论。"回望党的100多年历史,中国共产党人始终坚持把马克思主义基本原理同中国具体实际相结合、同中华优秀传统文化相结合，洞察时代大势，把握历史主动，进行艰辛探索，不断推进马克思主义中国化，创立了毛泽东思想、邓小平理论，形成了"三个代表"重要思想、科学发展观，创立了习近平新时代中国特色社会主义思想。正是在一脉相承、与时俱进的科学理论指引下，我们党团结带领中国人民创造了新民主主义革命、社会主义革命和建设、改革开放和社会主义现代化建设、新时代中国特色社会主义的伟大成就，书写了中华民族几千年历史上最恢宏的史诗。

历史和现实表明，坚持把马克思主义基本原理同中国具体实际相结合、同中华优秀传统文化相结合，不断推进马克思主义中国化是完全正确的，也是我们党推进理论创新、进行理论创造的成功经验。新的征程上，深化马克思主义中国化理论研究，更好坚持和发展当代中国马克思主义、21世纪马克思主义，必须坚持自信自强、守正创新。

理论自信是理论自强的前提和基础，理论自强是理论自信的目的和落脚点。只有坚定理论自信才能实现理论自强，只有实现理论自强才能更好坚定理论自信。坚持把马克思主义基本原理同中国具体实际相结合、同中华优秀传统文化相结合，首先要坚定理论自信。马克思主义深刻揭示了自然界、人类社会和人类思维发展的普遍规律，是指导人类社会发展进步的科学真理。我们党的理论自信，建立在马克思主义的科学性、真理性基础之上，建立在实事求是地对待马克思主义基础之上，建立在中国革命、建设、改革取得巨大成就基础之上。

习近平新时代中国特色社会主义思想贯穿着马克思主义的立场、观点、方法，集中体现了马克思主义的理论品格和精神实质，是当今时代最现实、最鲜活的马克思主义。党的十八大以来，党和国家事业取得全方位、开创性历史成就，发生深层次、根本性历史变革，充分彰显了习近平新时代中国特色社会主义思想这一当代中国马克思主义、21世纪马克思主义的真理力量和实践伟力。坚定理论自信，必须高举马克思主义、中国特色社会主义伟大旗帜不动摇，坚持习近平新时代中国特色社会主义思想指导地位不动摇。新时代推进理论自强，就要围绕人类共同面对的难题提出中国理念、中国主张、中国方案，更好用中国理论解读中国实践，更加鲜明地展示中国思想、中国智慧，让世界了解"学术中的中国""理论中的中国""哲学社会科学中的中国"，不断提升中国学术理论的国际影响力。

知常明变者赢，守正创新者进。守正与创新各有侧重，也是辩证统一的。守正是创新的基础和根本，创新是守正的路径和发展。守正，要求我们始终坚持马克思主义。马克思主义是我们立党立国的根本指导思想，是我们党的灵魂和旗帜。尽管今天我们所处的时代同马克思所处的时代相比发生了巨大而深刻的变化，但我们依然处在马克思主义所指明的历史时代，马克思主义所阐述的基本原理仍然是正确的。在坚持马克思主义指导地位这一根本问题上，我们必须毫不动摇。同时，理论的生命力在于不断创新。只有与时俱进地发展马克思主义，才能更好坚持马克思主义。马克思主义并没有结束真理，而是开辟了通向真理的道路。恩格斯说过："马克思的整个世界观不是教义，而是方法。它提供的不是现成的教条，而是进一步研究的出发点和供这种研究使用的方法"。我们要在坚持马克思主义基本原理基础上，根据中国具体实际的发展变化不断丰富和发展马克思主义，用发展着的马克思主义指导新的实践。

自信自强和守正创新是有机统一的，二者相辅相成、相互联系、相互促进。一方面，守正源于自信。我们守马克思主义基本原理之"正"，源于对马克思主义理论的坚定自信。正是因为始终对马克思主义保持坚定信心、对社会主义保持必胜信念，我们把马克思主义作为党和人民事业不断发展的参天大树之根本、党和人民不断奋进的万里长河之泉源。另一方面，创新才能自强。实现理论自强，在于不断探索时代发展提出的新课题，不断回应社会发展提出的新挑战，不断开辟马克思主义新境界，不断取得中国特色社会主义新成就，这样才能真正坚持和发展马克思主义理论。

习近平新时代中国特色社会主义思想的理论特色

黄一兵

习近平新时代中国特色社会主义思想是新时代中国共产党的思想旗帜,是国家政治生活和社会生活的根本指针,是当代中国马克思主义、21世纪马克思主义。《习近平新时代中国特色社会主义思想学习纲要》紧紧围绕习近平新时代中国特色社会主义思想是党和国家必须长期坚持的指导思想这一主题,以"八个明确"和"十四个坚持"为核心内容和主要依据,对习近平新时代中国特色社会主义思想作了全面系统的阐述,生动呈现了这一思想的鲜明理论特色。

坚持以马克思主义为指导

习近平总书记指出,马克思主义就是我们党和人民事业不断发展的参天大树之根本,就是我们党和人民不断奋进的万里长河之泉源。马克思主义是我们立党立国的根本指导思想。在坚持以马克思主义为指导这一根本问题上,任何时候任何情况下都不能有丝毫动摇。

高扬马克思主义信仰。习近平总书记指出:"我们干事业不能忘本忘祖、忘记初心。我们共产党人的本,就是对马克思主义的信仰,对中国特色社会主义和共产主义的信念,对党和人民的忠诚。"对马克思主义的信仰,对社会主义和共产主义的信念,是共产党人的政治灵魂,决定着理论的先进性和纯洁性。马克思主义信仰坚定了,站位就高了,眼界就开阔了,就能够以唯物辩证的科学精神、无私无畏的博大胸怀认识世界、把握趋势;就能够更有定力、更有自信、更有智慧地作出新的理论创造、推进新的理论发展。习近平新时代中国特色社会主义思想充满着对马克思主义的坚定信仰,充满着对社会主义、共产主义的坚定信念,充满着"革命理想高于天"的豪迈情怀。坚定的理想信念体现了这一思想的马克思主义理论底色,体现了共产党人的政治本色。

贯穿马克思主义观点。习近平新时代中国特色社会主义思想牢牢把握马克思主义生产力和生产关系辩证统一观点,勇于全面深化改革,自觉通过调整生产关系激发社会生产力发展活力,自觉通过完善上层建筑适应经济基础发展要求,让中国特色社会主义更加符合规律地向前发展;牢牢把握马克思主义文化建设观点,着力巩固马克思主义在意识形态领域的指导地位,发展社会主义先进文化,把社会主义核心价值观融入社会发展各方面,推动中华优秀传统文化创造性转化、创新性发展;牢牢把握马克思主义社会建设观点,强调让发展成果更多更公平惠及全体人民，不断促进人的全面发展，朝着实现全体人民共同富裕不断迈进；牢牢把握马克思主义关于人与自然关系观点，坚持人与自然和谐共生，牢固树立和切实践行绿水青山就是金山银山的理念，走生产发展、生活富裕、生态良好的文明发展道路；牢牢把握马克思主义关于马克思主义政党建设观点，坚持把党的政治建设摆在首位，坚持和加强党的全面领导，坚决维护党中央权威和集中统一领导，把党建设成为始终走在时代前列、人民衷心拥护、勇于自我革命、经得起各种风浪考验、朝气蓬勃的马克思主义执政党。

正确运用马克思主义思想方法和工作方法。习近平新时代中国特色社会主义思想坚持世界统一于物质、物质决定意识，坚持事物矛盾运动的基本原理，将辩证思维贯穿于理论创造的全过程。这一思想掌握社会基本矛盾分析法，把生产力和生产关系的矛盾运动同经济基础和上层建筑的矛盾运动结合起来观察，把社会基本矛盾作为一个整体来观察，全面把握整个社会的基本面貌和发展方向；掌握物质生产是社会生活的基础的观点，着力推动我国社会生产力不断向前发展，实现物质不断丰富和人的全面发展的统一；掌握人民是历史创造者的观点，坚持以人民为中心，坚持走群众路线。马克思主义思想方法和工作方法的运用，赋予习近平新时代中国特色社会主义思想鲜明的客观性、发展性、全面性、系统性、协调性和人民性，使之成为指导党和国家事业发展的强大思想武器。

立足时代之基推进理论创新

当代中国正经历着我国历史上最为广泛而深刻的社会变革，也正在进行着人类历史上最为宏大而独特的实践创新。这是一个需要理论而且一定能够产生理论的时代，这是一个需要思想而且一定能够产生思想的时代。习近平新时代中国特色社会主义思想正是立足时代之基、回答时代之问的科学理论。

当代世界正经历百年未有之大变局。各国经济社会发展联系日益密切，全球治理体系和国际秩序变革加速推进。新一轮科技革命和产业革命正在孕育突破，人类社会将迈入工业化与信息化深度融合并向智能化跨越的崭新时代。同时，世界不稳定性不确定性突出，风险挑战增加。面对一系列亟待解决的重大问题，世界需要新的方向、新的方案、新的选择。在这样的时代背景下，以习近平同志为核心的党中央领导中国前所未有地走近世界舞台中央，中国发展道路的影响力显著增强，中华文化中所蕴含的独特价值理念赢得广泛理解认同。习近平新时代中国特色社会主义思想正是在世界风云激荡中孕育产生的。

当代中国改革开放和社会主义现代化建设取得历史性成就。党的十八大以来，以习近平同志为核心的党中央举旗定向、运筹帷幄，以巨大的政治勇气和强烈的责任担当，提出一系列新理念新思想新战略，出台一系列重大方针政策，推出一系列重大举措，推进一系列重大工作，解决了许多长期想解决而没有解决的难题，办成了许多过去想办而没有办成的大事，推动党和国家事业发生历史性变革、取得历史性成就。习近平新时代中国特色社会主义思想正是在当代中国快速发展和深刻变革中创造形成的。

当代中国共产党经历了革命性锻造。历史反复证明，功成名就时做到居安思危、保持创业初期那种励精图治的精神状态不容易，执掌政权后做到节俭内敛、敬终如始不容易，承平时期严以治吏、防腐戒奢不容易，重大变革关头顺乎潮流、顺应民心不容易。党的十八大以来，以习近平同志为核心的党中央深刻把握党面临的前所未有的挑战和要求，坚持以自我革命的勇气推进全面从严治党。党的建设新的伟大工程全方位加强，党内政治生活气象更新，党内政治生态明显好转。习近平新时代中国特色社会主义思想就是在党的自我革命的伟大实践中发展成熟的。

当代科学社会主义在中国焕发出强大生机活力。世界社会主义500年发展，反映了人类对美好社会制度的执着追求，深刻改变着世界历史的发展进程。20世纪80年代末90年代初，世界社会主义遭受严重曲折，社会主义前途命运面临重大考验。历经不懈奋斗，当今中国不但在世界上把社会主义的旗帜举住了、举稳了，而且把科学社会主义推向崭新的阶段。对科学社会主义的理论思考、经验总结，对坚持和发展中国特色社会主义的担当和探索，贯穿习近平新时代中国特色社会主义思想创造和发展的全过程。

坚持以人民为中心

习近平新时代中国特色社会主义思想坚持以人民为中心，饱含与人民同呼吸、共命运、心连心的真挚情感，始终把人民对美好生活的向往作为奋斗目标，体现了我们党不变的初心和使命。

人民立场是习近平新时代中国特色社会主义思想的根本立场。党的十八大以来，习近平总书记反复强调，要"坚持立党为公、执政为民，践行全心全意为人民服务的根本宗旨，把党的群众路线贯彻到治国理政全部活动之中"。面对艰巨繁重的国内改革发展稳定任务，习近平总书记把增进民生福祉作为发展的根本目的，指出要"一件事情接着一件事情办、一年接着一年干，锲而不舍向前走"。习近平新时代中国特色社会主义思想深切把握住了人民立场的真谛，从而使这一思想的每一个观点都自觉立足于人民利益，闪烁着"一切为了人民"的价值光芒。

人民实践是习近平新时代中国特色社会主义思想的智慧源泉。人民是历史的创造者，人民是真正的英雄，离开了人民，我们就会一事无成。建设中国特色社会主义的伟大实践，从根本上说是广大人民群众自己的实践。总结我们党发展壮大的经验，很重要的一条就是始终把群众作为智慧和力量的源泉，始终把政治智慧的增长、执政本领的增强深深扎根于人民的创造性实践中。党的十八大以来，习近平总书记正是把人民群众的实践作为源头活水，以马克思主义政治家、理论家、战略家的深刻洞察力、敏锐判断力和战略定力，及时发现、总结、概括人民群众创造出来的新鲜经验，并上升为党的创新理论，创立了习近平新时代中国特色社会主义思想。

人民幸福是习近平新时代中国特色社会主义思想的目标追求。为人民谋幸福，是中国共产党人的初心，也是习近平新时代中国特色社会主义思想的根本落脚点。习近平总书记指出,"人民对美好生活的向往,就是我们的奋斗目标""我们党干革命、搞建设、抓改革,都是为了让人民过上幸福生活"。党的十八大以来,以习近平同志为核心的党中央以造福人民为最大政绩,从群众最关心的问题入手,把民生疾苦放在心头,把改革发展责任扛在肩上,一大批惠民举措落地实施,推动发展成果更多更公平惠及全体人民;始终不负人民重托,顺应我国社会主要矛盾发生转化的实践要求,着力解决我国发展不平衡不充分的问题,在更高水平上不断满足人民群众日益增长的美好生活需要。习近平新时代中国特色社会主义思想植根于人民群众的切身利益与根本需要,深深融入人民对美好生活与幸福的追求中,是接地气、有温度、有生机的科学理论。

彰显世界眼光和人类情怀

习近平新时代中国特色社会主义思想洞察时代风云,把握时代大势,站在人类发展前沿引领时代潮流,积极探索关系人类前途命运的重大问题,为应对当今世界面临的全球性挑战、解决人类面临的共性问题贡献中国智慧和中国方案,彰显宽广的世界眼光和博大的人类情怀。

尊重文明多样性,主张文明交流互鉴。习近平总书记指出,文明因交流而多彩,文明因互鉴而丰富。让各种不同文明和谐共处、平等相待、相得益彰,才能医治"文明冲突"的病根;只有采取交流互鉴的方式,才能促进不同文明相互理解、相互包容、相互学习、取长补短、融合发展、共同进步。习近平新时代中国特色社会主义思想以宽广的胸怀对待不同文明，从不同文明中寻求智慧、汲取营养，让本国文明充满勃勃生机，又为他国文明发展创造条件。这一思想对人类文明的洞察，超越了文明冲突和对抗的狭隘眼界，使我们对人类社会发展和当今世界整体特征的认识有了全新的视野，同时也为自觉自信地推进中国特色社会主义事业奠定了坚实理论基础。

顺应和引领和平、发展、合作、共赢的时代潮流。习近平新时代中国特色社会主义思想提出，当今世界的潮流只有一个，那就是和平、发展、合作、共赢。这一思想对时代大势的正确研判，反映了我们党认识和解决国内问题和全球问题的思路，即把关注国内利益、国内问题与关注人类共同利益、世界共同发展结合起来，超越了西方冷战对抗思维，更加强调和平稳定、共同发展、沟通协调、合作共赢。这种新的思维方式，为新时代中国特色社会主义事业牢牢把握坚持和平发展、促进民族复兴这条主线，营造更加有利的国际环境，构建以合作共赢为核心的新型国际关系提供了理论支撑和方法论指导。

推动构建人类命运共同体。习近平新时代中国特色社会主义思想站在人类历史发展的高度，深入思考"建设一个什么样的世界、如何建设这个世界"等关乎人类前途命运的重大课题，积极倡导和推动构建人类命运共同体，深度构筑中国与世界的紧密联系。推动构建人类命运共同体的思想，集中了民胞物与、立己达人、和谐万邦、天下大同等中华优秀传统文化精神，体现了和平、发展、公平、正义、民主、自由等全人类共同价值观，汇聚着世界各国人民对和平、发展、繁荣向往的最大公约数。深入阐述构建人类命运共同体思想，深刻阐明中国走和平发展道路的自觉与自信，回应了国际社会的关切与期待，体现了中国的大国责任与担当。习近平新时代中国特色社会主义思想以世界和人类为坐标和舞台，既立足中国、努力推进中国国家治理体系和治理能力现代化；又放眼世界，积极为全球治理提供中国智慧和中国方案，体现了深邃的世界眼光、博大的人类情怀和高超的战略思维。

《人民日报》（2019年6月28日）

★ 拓展阅读

求真务实、真抓实干的科学理论

习近平新时代中国特色社会主义思想之所以好使、管用、有效，就因为它是求真务实、真抓实干的科学理论。这一思想强调党员、干部特别是领导干部崇尚实干，不驰于空想，不骛于虚声，认真践行"三严三实"要求，发扬钉钉子精神，坚持一张蓝图绘到底，坚持一分部署、九分落实。

强调"谋事要实"。习近平总书记指出，作出正确决策，有赖深入的调查研究。研究问题、制定政策、推进工作，不能刻舟求剑、闭门造车、异想天开，必须深入基层、深入实际、深入群众，听实话、摸实情，提出切实可行的对策。确立经济发展和民生保障目标，要坚持实事求是，坚持一切从实际出发，坚持量力而行、尽力而为，正确引导预期，不能提过高要求。在脱贫攻坚上，强调坚决防止层层加码、提不切实际的口号指标。

强调"创业要实"。习近平总书记指出，全面建成小康社会要靠实干，基本实现现代化要靠实干，实现中华民族伟大复兴要靠实干。在经济工作方面，强调推进高质量发展，不简单以国民生产总值增长率论英雄，摆脱"速度情结"和"换挡焦虑"，实现实实在在、没有水分的增长。在干部选拔使用上，强调"四不唯"，即不唯国内生产总值评价领导班子和领导干部、不唯票取人、不唯分取人、不唯年龄取人。对整治形式主义、官僚主义，习近平总书记多次作出重要指示批示，从党的群众路线教育实践活动到"不忘初心、牢记使命"主题教育，整治形式主义、官僚主义都是重要内容，并把2019年确定为"基层减负年"。

强调突出问题导向。习近平总书记指出，问题是时代的声音。全面深化改革也好，推进工作创新也好，都要以解决问题为导向，瞄着问题去，追着问题走，善于把化解矛盾、破解难题作为打开局面的突破口。发现了问题，就要紧盯不放，不解决到位不罢休。问题导向就是效果导向。

强调以钉钉子精神抓落实。习近平总书记指出，一分部署，九分落实。干事业不是做样子，不是做表面文章，抓任何工作都要有一种久久为功、利在长远的耐心和耐力，领导干部要保持战略定力，树立功成不必在我、功成必定有我的理念，坚持一张蓝图干到底，把既定的行动纲领、战略目标、工作蓝图变为现实，多做打基础、利长远的事，不搞脱离实际的盲目攀比，不搞劳民伤财的"形象工程"和"政绩工程"，真正对历史和人民负责。党的十八大以来，以习近平同志为核心的党中央环环相扣狠抓中央八项规定精神的贯彻落实和反腐败斗争，步步深入推进供给侧结构性改革，持之以恒加强生态环境保护、坚定不移实施精准脱贫等，都贯穿着驰而不息、久久为功的钉钉子精神。

方法得当，事半功倍；方法不当，事倍功半。我们要看到，习近平新时代中国特色社会主义思想既讲是什么、为什么，又讲怎么看、怎么办，既部署"过河"的任务，又指导解决"桥或船"的问题，是坚持和运用马克思主义世界观方法论的典范。这一求真务实、真抓实干的理论体系谋事要实、创业要实、坚持问题导向、发扬钉钉子精神等，都体现着科学的思想方法和工作方法，贯穿着共同的理念思维和实践品格。

充分体现了知行合一。实践的观点是马克思主义首要的和基本的观点，把改造主观世界和改造客观世界结合起来，是共产党人最可宝贵的品格。知行合一，凝结着中华文明特有的哲学智慧，也体现着马克思主义认识论和方法论的有机统一。习近平新时代中国特色社会主义思想从社会实践提出的问题发端，从分析问题性质、现实条件入手，着眼解决问题、求得实效提出对策思路，彰显着鲜明的实践导向、问题导向、效果导向。无论是从严管党治党、打赢脱贫攻坚战，还是推进供给侧结构性改革、推进新时代强军事业、构建新型国际关系，习近平总书记都大力倡导、躬身践行，对认准的事一抓到底、务求实效。正是有了知行合一的睿智和坚韧，我们才解决了许多长期想解决而没有解决的难题，办成了许多过去想办而没有办成的大事。

充分体现了立破并举。立与破是事物矛盾关系的表现，立中有破、破中有立，反映了对立统一规律的要求。习近平新时代中国特色社会主义思想贯穿着立与破的辩证法，充分展现了建设性和革命性的统一。在意识形态上，理直气壮地唱响主旋律、弘扬正能量，立方向、立主导、立主流，旗帜鲜明反对错误思潮，巩固壮大了主流思想舆论。在全面深化改革上，立目标、立原则、立制度，坚定不移破利益固化的藩篱、破妨碍发展的体制机制弊端，确保改革不改向、变革不变色。在全面从严治党上，立理想信念、立清风正气、立铁规红线，破信仰迷失、破"四风"积弊、破腐败毒瘤，党的创造力凝聚力战斗力显著增强。无论是立、还是破，都是正本清源、都是守正创新，有力巩固和发展了中国特色社会主义的独特优势，推动党和国家事业充满活力、欣欣向荣。

充分体现了稳中求进。稳中求进是我们的工作总基调，也是治国理政的重要原则。中国是一艘巨轮，行稳才能致远，决不能犯颠覆性错误；自强日新是中华民族的精神品质，只有不断超越自我，方能达成我们的奋斗目标。在治国理政的实践中，习近平总书记总是着眼于稳中求进，在审时度势、尊重规律中推进各项工作。面对改革进入攻坚期、深水区，提出胆子要大、步子要稳，始终做到蹄疾步稳。面对经济发展的不稳定不确定因素，强调要稳字当头，坚持"六稳"，保持经济稳中有进良好态势。面对外部环境复杂变化，强调要稳住底线、夯实基础，谋定而后动，集中精力办好自己的事。稳中求进、以进促稳，集中体现了宽广的全局视野、深沉的忧患意识、强烈的进取精神，彰显了高超的政治智慧和领导艺术。

学懂弄通做实习近平新时代中国特色社会主义思想，必须理解掌握贯穿其中的科学思想方法和工作方法，牢牢把握贯穿其中的求真务实、真抓实干作风,坚持听实话、察实情、出实招、求实效,树立正确政绩观,以实干求实绩,坚决反对一切形式的形式主义、官僚主义,努力创造经得起历史、实践和人民检验的业绩。

> 理论自信

标注马克思主义发展的新高度

习近平新时代中国特色社会主义思想坚持把马克思主义基本原理同中国具体实际相结合、同中华优秀传统文化相结合，以原创性理论贡献标注了马克思主义发展的新高度。

马克思主义是我们立党立国、兴党强国的根本指导思想。马克思主义理论不是教条而是行动指南，必须随着实践发展而发展，必须中国化才能落地生根、本土化才能深入人心。习近平总书记鲜明提出"坚持把马克思主义基本原理同中国具体实际相结合、同中华优秀传统文化相结合"，深刻揭示了马克思主义的理论特质，深刻阐明了马克思主义在中国创新发展的内在机理，从广度和深度上大大深化了我们对马克思主义中国化的规律性认识。习近平新时代中国特色社会主义思想是坚定自觉坚持和发展马克思主义的典范，是坚持"两个结合"、勇于推进理论创新的产物,赋予马克思主义鲜明的实践特色、民族特色、时代特色,是当代中国马克思主义、二十一世纪马克思主义。

习近平新时代中国特色社会主义思想立足中华民族伟大复兴战略全局,是新时代中国特色社会主义伟大实践的理论结晶。党的十八大以来,我国发展站在新的历史起点上,实现中华民族伟大复兴进入关键时期。经过改革开放以来的持续发展,国家经济实力、科技实力、国防实力、综合国力、国际影响力显著提升,我们具备了继续前进的坚实基础和有利条件。但同时,外部环境变化带来许多新的风险挑战,国内改革发展稳定也面临不少长期没有解决的深层次矛盾和问题以及新出现的一些矛盾和问题,党治国理政面临重大考验。

新的伟大斗争呼唤着新的理论指引,新的伟大实践推动着理论创新步伐。习近平总书记坚持用马克思主义的立场、观点、方法观察时代、把握时代、引领时代,统筹中华民族伟大复兴战略全局和世界百年未有之大变局,以一系列具有战略性、前瞻性、创造性的新理念新思想新战略回答时代之问、人民之问,回应新形势新任务对党和国家事业发展提出的新要求,创立了习近平新时代中国特色社会主义思想。这一思想是在坚定推进具有许多新的历史特点的伟大斗争中,在中华民族迎来从站起来、富起来到强起来的伟大飞跃中形成并不断丰富发展的科学理论。

习近平新时代中国特色社会主义思想植根广袤中国大地和中华民族历史，是中华文化和中国精神的时代精华。中华优秀传统文化是中华民族的根和魂，与马克思主义的许多重大观点具有天然的、内在的契合性，是中国人民接受并信仰马克思主义的深厚文化基础和心理基础。

习近平新时代中国特色社会主义思想既立足于现实的中国，又植根于历史的中国，它以中华文明为源头活水，从5000多年璀璨文明中承继人文精神、道德价值、历史智慧的精华养分，把马克思主义的思想精髓与中华优秀传统文化的精神特质融会贯通起来，成为中华优秀传统文化创造性转化、创新性发展的生动典范。这一思想深刻揭示和自觉遵循中华民族传承发展的历史逻辑，深刻反映中华民族自古以来的梦想和追求，特别是近代以后实现中华民族伟大复兴的梦想，凝结着中国人民的伟大创造精神、伟大奋斗精神、伟大团结精神、伟大梦想精神。正因为如此，习近平新时代中国特色社会主义思想充盈着浓郁的中国味、深厚的中华情、浩然的民族魂，具有强大的历史穿透力、文化感染力、精神感召力，是彰显文化自信、饱含历史自觉、赓续中华文脉的理论。

在推进"两个结合"的过程中，习近平新时代中国特色社会主义思想既坚持了老祖宗、又讲了许多新话，对马克思主义哲学、政治经济学、科学社会主义各个领域，都提出了许多标志性引领性的新思想新观点新论断，以全新视野深化了对共产党执政规律、社会主义建设规律、人类社会发展规律的认识，为丰富发展马克思主义作出了原创性贡献，实现了马克思主义中国化新的飞跃、新的升华。

14

马克思主义中国化的最新成果

曲青山

《习近平谈治国理政》第三卷收入习近平总书记在 2017 年 10 月 18 日至 2020 年 1 月 13 日期间的重要著作，共有报告、讲话、谈话、演讲、指示、批示、贺信等 92 篇。全书生动记录了以习近平同志为核心的党中央着眼中华民族伟大复兴战略全局和世界百年未有之大变局，以习近平新时代中国特色社会主义思想为指导，不忘初心、牢记使命，统揽伟大斗争、伟大工程、伟大事业、伟大梦想，沉着应对国内外风险挑战明显增多的复杂局面，进一步深化改革开放，决胜全面建成小康社会，推动党和国家各项事业取得新的重大进展以及中国为世界和平与发展作出新的重大贡献的历史。

全书全面反映了习近平总书记领导全党全国人民攻坚克难、砥砺奋进，在新的历史起点上坚持和发展中国特色社会主义所取得的重大思想和理论成果。这些成果体现在改革发展稳定、内政外交国防、治党治国治军等方方面面，许多重大思想理论观点具有原创性、时代性、针对性，成为习近平新时代中国特色社会主义思想的重要组成部分。这部著作为我们用习近平新时代中国特色社会主义思想武装全党、教育人民、推动工作提供了最新、最权威、最系统、最鲜活的教材。

关于"两个伟大革命"的重要论断

党的十九大后，习近平总书记提出了"两个伟大革命"的重要论断。这是我们党的一个重大理论创新。这个重要论断，贯通党史、新中国史、改革开放史，明确了当代中国共产党人所处的历史方位和肩负的历史使命，阐述了加强党的执政能力建设、先进性和纯洁性建设的重要性。

2018年1月5日，习近平总书记在新进中央委员会的委员、候补委员和省部级主要领导干部学习贯彻习近平新时代中国特色社会主义思想和党的十九大精神研讨班开班式上发表重要讲话，从历史和现实相贯通、国际和国内相关联、理论和实际相结合的宽广视角，深刻阐述了一些事关全局的重大理论和实践问题。讲话指出，我们党自成立以来，领导全国人民进行了伟大的社会革命，同时领导全党进行了伟大的自我革命。"新时代中国特色社会主义是我们党领导人民进行伟大社会革命的成果，也是我们党领导人民进行伟大社会革命的继续"。在新时代，我们党必须以党的自我革命来推动党领导人民进行的伟大社会革命，把党建设得更加坚强有力。"两个伟大革命"重要论断的提出，具有重要的历史意义和现实意义。它深刻阐述了伟大工程与伟大事业的辩证关系、社会革命与自我革命的辩证关系、中国共产党与中国人民和中华民族密不可分的血肉联系，为我们党敢于正视问题、刀刃向内，勇于自我革命、刮骨疗毒，跳出历史周期率，提供了正确路径和科学方法，也使当代中国共产党人以此明志，保持清醒头脑，始终牢记肩负的历史使命、明确奋斗的方向。

关于"增强忧患意识、防范风险挑战"的举措要求

党的十九大后，习近平总书记提出了"增强忧患意识、防范风险挑战"的举措要求。这是习近平新时代中国特色社会主义思想注重强调底线思维的重要体现。随着我国经济快速发展和经济总量不断扩大，我国在国际社会的地位和影响力也在不断上升，日益走近世界舞台的中央。但是，中华民族伟大复兴，绝不是轻轻松松、敲锣打鼓就能实现的。"行百里者半九十"。面对世界局部冲突此起彼伏和热点问题不断增多，面对逆全球化趋势加剧和单边主义、保护主义上升，面对美国一些政客的霸凌行径和极限施压，采取正确的态度和有效的应对举措至关重要。

2018年1月5日，习近平总书记在新进中央委员会的委员、候补委员和省部级主要领导干部学习贯彻习近平新时代中国特色社会主义思想和党的十九大精神研讨班开班式上的重要讲话中强调：坚持和发展中国特色社会主义要一以贯之，推进党的建设新的伟大工

程要一以贯之，增强忧患意识、防范风险挑战要一以贯之。在这次重要讲话中，习近平总书记对全党同志尤其是党员领导干部提出了强化底线思维的要求。习近平总书记指出："'备豫不虞，为国常道'。当前，我国正处于一个大有可为的历史机遇期，发展形势总的是好的，但前进道路不可能一帆风顺，越是取得成绩的时候，越是要有如履薄冰的谨慎，越是要有居安思危的忧患，绝不能犯战略性、颠覆性错误。"习近平总书记从经济发展、社会稳定、自然灾害等方面列举了诸多需要高度重视的风险，要求我们既要有防范风险的先手，也要有应对和化解风险挑战的高招；既要打好防范和抵御风险的有准备之战，也要打好化险为夷、转危为机的战略主动战。这些重要思想和部署要求，科学预见了现实中存在的风险挑战，对各级领导干部提出了警醒、明确了方法。

关于"新时代党的组织路线"的科学内涵

党的十九大后，习近平总书记提出了"新时代党的组织路线"，并完整准确表述和规定了其科学内涵，这在我们党的历史上是第一次。党的组织路线经历了长期探索。党的一大通过的党纲规定了党的组织建设原则。党的六大明确提出"组织路线"的概念。在党的六届六中全会上，我们党提出了"才德兼备"的干部标准和"任人唯贤"的干部路线。党的组织路线是为党的政治路线服务的。党的历史表明，什么时候坚持正确组织路线，党的组织就蓬勃发展，党的事业就顺利推进；什么时候组织路线发生偏差，党的组织就遭到破坏，党的事业就出现挫折。

党的十八大以来，以习近平同志为核心的党中央针对党的组织建设中存在的突出问题，坚定不移全面从严治党，在加强党的全面领导、健全党的组织体系、完善选人用人标准和工作机制、健全党内政治生活和组织生活制度等方面采取了一系列重大举措。在总结历史经验特别是党的十八大以来全面从严治党成功经验的基础上，2018年7月3日，在全国组织工作会议上，习近平总书记发表重要讲话，提出了新时代党的组织路线："全面贯彻新时代中国特色社会主义思想，以组织体系建设为重点，着力培养忠诚干净担当的高素质干部，着力集聚爱国奉献的各方面优秀人才，坚持德才兼备、以德为先、任人唯贤，为坚持和加强党的全面领导、坚持和发展中国特色社会主义提供坚强组织保证。"新时代党的组织路线明确了党的组织工作的指导思想、原则标准、目标任务，为我们做好新时代党的组织工作提供了基本遵循。新时代党的组织路线是理论的也是实践的，我们要在推进党的建设新的伟大工程、全面从严治党的实践中切实贯彻落实。

关于"两个大局"的重要思想

党的十九大后，习近平总书记提出了"两个大局"的重要思想。这一重要思想为我们做好新时代外交工作提供了战略思维和策略指引，同时也明确了广大领导干部谋划和做好各项工作的基本出发点。

2017年12月28日，习近平总书记接见2017年度驻外使节工作会议与会使节时发表重要讲话,提出学习贯彻党的十九大精神,做好新时代外交工作,首先要深刻领会党的十九大精神,正确认识当今时代潮流和国际大势,"放眼世界,我们面对的是百年未有之大变局。"2018年6月22日,习近平总书记在中央外事工作会议上发表重要讲话,指出我国对外工作要统筹国内国际两个大局,树立正确的历史观、大局观、角色观。"两个大局"重要思想的提出,为我们正确把握国际国内形势的发展变化,准确认识两者相互制约相互促进的互动关系,科学预见历史发展趋势和世界格局演变走向,做好新时代外交工作,提供了科学方法。2019年5月21日,习近平总书记在推动中部地区崛起工作座谈会上的重要讲话中,将胸怀"两个大局"、做好自己的事情作为对领导干部的普遍要求和基本要求。"我经常讲,领导干部要胸怀'两个大局',一个是中华民族伟大复兴的战略全局,一个是世界百年未有之大变局,这是我们谋划工作的基本出发点。"习近平总书记的这一重要论述表明,"两个大局"的重要思想是广大领导干部做好一切工作的指导思想,是对全局工作的基本要求,是对所有领导干部的重要要求。这个重要思想具有马克思主义世界观和方法论的普遍指导意义。

关于中国特色社会主义制度体系

党的十九大后,习近平总书记提出了中国特色社会主义根本制度、基本制度、重要制度的制度体系。在2019年10月召开的党的十九届四中全会上,习近平总书记作《关于〈中共中央关于坚持和完善中国特色社会主义制度 推进国家治理体系和治理能力现代化若干重大问题的决定〉的说明》并发表重要讲话。习近平总书记指出："中国特色社会主义制度是一个严密完整的科学制度体系，起四梁八柱作用的是根本制度、基本制度、重要制度，其中具有统领地位的是党的领导制度。党的领导制度是我国的根本领导制度。""中国特色社会主义根本制度、基本制度、重要制度，是对党和国家各方面事业作出的制度安排。"

习近平总书记使用根本制度、基本制度、重要制度的概念，形成了中国特色社会主义制度体系的科学系统表述，是一个重大的理论创新和发展。这个制度体系包括三个层面，涵盖我国经济、政治、文化、社会、生态文明、科技、教育、民族、宗教、国防军队、国家安全、外交外事、港澳台工作和党的建设等各个领域各个方面，凸显了中国特色社会主义制度的显著优势，是全面建成社会主义现代化强国、实现中华民族伟大复兴的可靠制度保障。

关于经济社会发展新的重大战略

党的十九大后，习近平总书记根据形势和任务的发展变化，在深入调查研究和深刻谋划思考的基础上，适时提出一系列经济社会发展新的重大战略，完善和发展了我国经济社会发展战略体系。

在党的十九大报告中，国家经济社会发展战略有7个：科教兴国战略、人才强国战略、创新驱动发展战略、乡村振兴战略、区域协调发展战略、可持续发展战略、军民融合发展战略。除此之外，报告还强调要加大力度支持革命老区、民族地区、边疆地区、贫困地区加快发展，强化举措推进西部大开发形成新格局，深化改革加快东北等老工业基地振兴，发挥优势推动中部地区崛起，创新引领率先实现东部地区优化发展，实施好京津冀协同发展、长江经济带发展、粤港澳大湾区建设等战略。党的十九大后，习近平总书记根据形势和任务需要，又提出了海南自由贸易港建设、长三角一体化发展、黄河流域生态保护和高质量发展等战略。这些战略的提出，完善和发展了我国经济社会发展战略体系，丰富和充实了区域协调发展战略的内涵，对于我国贯彻落实新发展理念，加快建设现代化经济体系，加快构建以国内大循环为主体、国内国际双循环相互促进的新发展格局，如期实现全面建成小康社会奋斗目标，开启全面建设社会主义现代化国家新征程，具有重要意义。随着这些战略的有效实施，我国经济社会发展战略体系特别是区域协调发展战略体系，一定会更全面、更系统、更完备，对我国经济社会高质量发展起到有力促进和支撑作用。

《人民日报》（2020年12月10日）

★ 拓展阅读

理论学习不能片面化碎片化

理论学习是党员干部的安身立命之基、干事创业之本。加强理论学习,贵在全面、系统、深入地读原著、学原文、悟原理,避免片面化碎片化。

重视读原著是党的理论武装工作的好传统,也是一条重要历史经验。毛泽东同志历来重视干部对马列著作的学习,经常结合不同时期的需要提出一些书目,称作"干部必读",要求全党同志学习。中央党校的教学方针中就有一条,叫"两为主,一加强",即以自学为主、学习原著为主,加强对实际问题的研讨。2011年5月13日,习近平同志在中央党校以《领导干部要重视学习马克思主义经典著作》为题给学员作报告,列出18篇马列和毛泽东著作,要求大家"专心致志地读、原原本本地读、反反复复地读"。

重视读原著,有一种观点值得注意。有人认为,只要认真读了原著,那些第二手的东西就可以不必学了。这是片面的。好的辅导报告、辅导材料和体会文章、著作，都有价值，适当地听一些、看一些是有益的，有助于我们对原著的理解，有助于启发思想、拓展思路，有助于开阔视野、增长知识。但是，只重视二手资料的学习而不重视读原著，更是片面的，因为所有二手资料都不能代替我们对原著的阅读。任何解读都不可避免地带有解读者的烙印，解读者的长处和短处在解读的过程中会自觉不自觉地表现出来。如果不阅读原著，就难以弄清哪些解读是正确的、哪些解读是偏颇的，甚至可能被一些带有明显错误倾向的观点所误导。

恩格斯说过，一个人想研究科学问题，首先要学会按照作者写作的原样去阅读自己要加以利用的著作，并且不要读出原著中没有的东西。在各种思潮相互激荡、思想领域的矛盾和斗争错综复杂的今天，人们对同一重要讲话、同一历史文献作出不同甚至相反的解读，并不是什么罕见的现象；至于说由于认识能力的局限而出现种种主观、片面和肤浅的解读，更是所在多有。所以，我们必须用主要的时间和精力去阅读、钻研原著，辅之以阅读第二手材料，而不能颠倒主次、舍本求末。

阅读原著和原文，是提高理论素养和政治鉴别力的必由之路。学懂弄通做实习近平新时代中国特色社会主义思想，是当前和今后一个时期理论武装工作的重中之重。专心致志地、原原本本地、反反复复地阅读习近平总书记系列重要讲话，不但可以使我们完整准确地把握其精神实质，而且可以使我们从中受到理想信念教育、家国情怀感染、担当精神启迪、朴实文风熏陶。这种潜心阅读本身就是一个锤炼党性、丰富知识、开阔视野、增加思想深度、训练思维能力的过程，是一个培养高瞻远瞩的战略眼光和脚踏实地的工作作风的过程。

关于习近平新时代中国特色社会主义思想的核心要义、精神实质、丰富内涵、实践要求，我们必须全面、系统地加以把握，不能只知其一、不知其他。不同部门的党员干部可以而且应当结合自己的实际着重学习某一方面的理论，但不能只学这一方面的理论而忽视其他方面的理论，因为只有懂全局性的东西才能更好掌握局部性的东西。

不论研究什么问题，都要注重基本观点之间的关联，不能陷入非此即彼的片面性，不能导致理论武装碎片化，因为真理是全面的、联系着的。习近平新时代中国特色社会主义思想，坚持和发展马克思主义科学认识论和方法论，体现了深邃的辩证思维。

比如，在坚持和运用辩证唯物主义世界观和方法论方面，强调坚持一切从实际出发，既要看到社会主义初级阶段基本国情没有变，也要看到我国经济社会发展每个阶段呈现出来的新特点，按照实际决定工作方针；强调增强问题意识、坚持问题导向，善于把认识和化解矛盾作为打开工作局面的突破口。

又如，在坚持和运用历史唯物主义方面，强调只有把生产力和生产关系的矛盾运动同经济基础和上层建筑的矛盾运动结合起来观察，把社会基本矛盾作为一个整体来观察，才能全面把握整个社会的基本面貌和发展方向；强调一切为了群众、一切依靠群众，从群众中来、到群众中去的群众路线，既是历史唯物主义基本原理在实际工作中的具体体现，也是我们党始终坚持的根本工作路线和根本工作方法。

再如,在调查研究方面,强调"调查研究是谋事之基、成事之道。没有调查,就没有发言权,更没有决策权",用全面深入的调查研究不断增强看问题的眼力、谋事情的脑力、察民情的听力、走基层的脚力。

 理论自信

实现对中国特色社会主义建设规律认识的新跃升

习近平新时代中国特色社会主义思想深刻回答新时代坚持和发展什么样的中国特色社会主义、怎样坚持和发展中国特色社会主义的重大时代课题,实现了对中国特色社会主义建设规律认识的新跃升。

中国特色社会主义是党和人民历经千辛万苦、付出巨大代价取得的根本成就。坚持和发展中国特色社会主义是一篇大文章,如何在新的时代条件下继续把这篇大文章写下去,是我们党必须回答好的重大课题。党的十八大以来,习近平总书记回望历史、展望未来,深刻指出中国特色社会主义是科学社会主义理论逻辑和中国社会发展历史逻辑的辩证统一,是植根于中国大地、反映中国人民意愿、适应中国和时代发展进步要求的

科学社会主义，是全面建成小康社会、加快推进社会主义现代化、实现中华民族伟大复兴的必由之路；党要在新的历史方位上实现新时代党的历史使命，最根本的就是高举中国特色社会主义伟大旗帜；要坚定道路自信、理论自信、制度自信、文化自信，既不走封闭僵化的老路，也不走改旗易帜的邪路，一以贯之坚持和发展中国特色社会主义。

习近平总书记深刻总结社会主义建设历史经验和本质规律，创造性提出中国共产党领导是中国特色社会主义最本质的特征，是中国特色社会主义制度的最大优势。准确把握时代特征和我国发展新的历史方位，作出中国特色社会主义进入新时代的重大论断，作出新时代我国社会主要矛盾已经转化为人民日益增长的美好生活需要和不平衡不充分的发展之间的矛盾的科学判断，提出中国特色社会主义事业总体布局是经济建设、政治建设、文化建设、社会建设、生态文明建设"五位一体"，战略布局是全面建设社会主义现代化国家、全面深化改革、全面依法治国、全面从严治党"四个全面"，提出坚持和完善中国特色社会主义制度、推进国家治理体系和治理能力现代化，在党的基本理论、基本路线基础上提出"十四个坚持"的新时代中国特色社会主义基本方略，并根据新的实践对党和国家事业各方面作出理论分析和政策指导，引领党和国家事业取得历史性成就、发生历史性变革。

习近平新时代中国特色社会主义思想坚持科学社会主义基本原则，坚守党和人民在艰辛探索中走出的中国特色社会主义道路，深刻揭示了中国特色社会主义发展的理论逻辑、历史逻辑、实践逻辑，深刻回答了新时代坚持和发展什么样的中国特色社会主义、怎样坚持和发展中国特色社会主义的重大时代课题，深化了对中国特色社会主义建设规律的认识。这一思想把中国特色社会主义和实现社会主义现代化、实现中华民族伟大复兴有机贯通起来，彰显了高度自信和强大定力，彰显了新时代中国特色社会主义的蓬勃生机和活力，既书写了坚持和发展中国特色社会主义的崭新篇章，也推动中国特色社会主义成为二十一世纪科学社会主义发展的旗帜，成为振兴世界社会主义的中流砥柱，为科学社会主义新发展作出了重大贡献。

15

深刻领悟党的创新理论最新成果的理论品格

李 捷

认真组织学习《习近平新时代中国特色社会主义思想学习问答》，是深入学习贯彻习近平新时代中国特色社会主义思想，推进思想建党、理论强党的重大举措。这部著作体裁新颖、生动活泼、深入浅出，适应了不断深化学习贯彻党的创新理论的时代要求，汇集了许多理论创新成果、实践创新亮点，把理论大众化、通俗化工作又向前推进了一步。深入学习《习近平新时代中国特色社会主义思想学习问答》，有助于加深对习近平新时代中国特色社会主义思想理论品格的认识，从而进一步增强理论自觉和理论自信。

习近平新时代中国特色社会主义思想，是从新时代中国特色社会主义全部实践中产生的理论结晶，全面系统回答了新时代坚持和发展什么样的中国特色社会主义、怎样坚持和发展中国特色社会主义这个重大时代课题，成为推动新时代党和国家事业不断向前发展的科学指南。正是在推动党和国家事业取得全方位、开创性历史成就，发生深层次、根本性历史变革的过程中，习近平新时代中国特色社会主义思想引领时代、求真求实、人民至上的理论品格熠熠生辉。

引领时代

新时代是一个需要理论而且一定能够产生理论的时代，是一个需要思想而且一定能够产生思想的时代。不断推动理论创新的源泉与动力，就是时代之问。

当代中国正处于近代以来最好的发展时期。在习近平新时代中国特色社会主义思想指引下，我国脱贫攻坚战取得全面胜利，完成了消除绝对贫困的艰巨任务，创造了又一个彪炳史册的人间奇迹；全面建成小康社会取得伟大历史性成就，中华民族伟大复兴向前迈出了新的一大步；2020年，面对突如其来的新冠肺炎疫情、世界经济深度衰退等多重严重冲击，我国疫情防控取得重大战略成果，在全球主要经济体中唯一实现经济正增长，交出了一份人民满意、世界瞩目、可以载入史册的答卷。习近平新时代中国特色社会主义思想，正是在奋力推动新时代中国特色社会主义发展，奋力推动中华民族迎来从站起来、富起来到强起来的伟大飞跃中创立并不断丰富发展的。面向未来，全面建成社会主义现代化强国，必须在习近平新时代中国特色社会主义思想指引下，继续推进实践基础上的理论创新。

不忘初心、牢记使命，以伟大自我革命引领伟大社会革命，是中国共产党作为百年大党风华正茂的奥秘所在。如何牢记初心使命，永葆党的先进性和纯洁性，是马克思主义政党的永恒课题，也是新时代亟须破解的时代之问。在回答这一时代之问的过程中，以习近平同志为核心的党中央勇于面对党面临的重大风险考验和党内存在的突出问题，以顽强意志品质正风肃纪、反腐惩恶，消除了党和国家内部存在的严重隐患，实现了管党治党从宽松软到严紧硬的深刻转变，党内政治生活气象更新，党内政治生态明显好转，党的创造力、凝聚力、战斗力显著增强，党的团结统一更加巩固，党群关系明显改善，为党和国家事业发展提供了坚强政治保证。习近平新时代中国特色社会主义思想正是在不断推进党的自我革命，实现党自我净化、自我完善、自我革新、自我提高的过程中，在确保党始终成为中国特色社会主义事业坚强领导核心的过程中创立并不断丰富发展的。全面从严治党永远在路上，经受住"四大考验"、克服"四种危险"永远在路上。习近平新时代中国特色社会主义思想确保党永远立于不败之地。

当今世界正经历百年未有之大变局，总趋势是朝着有利于广大发展中国家的方向发展，和平、发展、合作、共赢是不以人的意志为转移的时代潮流。同时，各种风险挑战与不确定性层出不穷，各种博弈和角力日趋激烈复杂。"世界怎么了、我们怎么办"成为国际社会普遍关心的时代之问。以习近平同志为核心的党中央，高举多边主义旗帜，提出构建人类命运共同体主张，积极倡导共建"一带一路"，为解决世界经济、国际安全、全球治理等一系列重大问题提供了新的方向、新的方案、新的选择。中国的国际影响力主要是靠自身和平发展取得的。中国发展理念、发展道路、发展模式的影响力、吸引力显著增强，中国日益发挥着世界和平建设者、全球发展贡献者、国际秩序维护者的重要作用，日益走近世界舞台的中央。习近平新时代中国特色社会主义思想，正是在把握世界发展大势、应对全球共同挑战、维护人类共同利益的过程中创立并不断丰富发展的。

中国特色社会主义进入新时代，以习近平同志为核心的党中央带领全党全国人民推动中国特色社会主义事业取得举世瞩目的伟大成就，以无可辩驳的事实彰显了科学社会主义的旺盛生命力。中国特色社会主义道路越走越宽广，使世界上正视和相信马克思主义和社会主义的人多了起来，使世界范围两种意识形态、两种社会制度的历史演进及其较量发生了有利于马克思主义、社会主义的深刻转变。习近平新时代中国特色社会主义思想，正是在对科学社会主义理论与实践的深邃思考、深刻总结，对坚持和发展中国特色社会主义的不懈探索、砥砺前行中创立并不断丰富发展的。

求真求实

求真求实，这个"真"是指当代马克思主义真理、社会历史发展规律；这个"实"，是指实事求是，结合我国国情和改革开放实际，以马克思主义基本原理之"矢"，射当代中国实际问题之"的"。

马克思主义是具有科学性、人民性、实践性、开放性的真理，它的真理光芒在时代与实践的接续发展中不断彰显。习近平新时代中国特色社会主义思想坚持马克思主义基本原理，紧密结合中国实际和时代特征推进理论创新，开创了马克思主义新境界。这主要表现为：坚持和发展马克思主义关于人类社会发展规律的思想，把共产主义远大理想同中国特色社会主义共同理想统一起来，坚定中国特色社会主义道路自信、理论自信、制度自信、文化自信；坚持和发展马克思主义关于坚守人民立场的思想，坚持全心全意为人民服务的根本宗旨，贯彻群众路线，尊重人民主体地位和首创精神，始终保持党同人民群众的血肉联系；坚持和发展马克思主义关于生产力和生产关系的思想，坚持新发展理念，勇于全面深化改革，推动中国特色社会主义不断向前发展；坚持和发展马克思主义关于人民民主的思想，在坚持党的领导、人民当家作主、依法治国有机统一中推进社会主义民主政治建设，不断加强人民当家作主的制度保障，推进国家治理体系和治理能力现代化；坚持和发展马克思主义关于文化建设的思想，巩固马克思主义在意识形态领域的指导地位，发展社会主义先进文化，加强社会主义精神文明建设，把社会主义核心价值观融入社会发展各方面，推动中华优秀传统文化创造性转化、创新性发展，不断铸就中华文化新辉煌；坚持和发展马克思主义关于社会建设的思想，坚持以人民为中心的发展思想，让发展成果更多更公平惠及全体人民，不断促进人的全面发展，朝着实现全体人民共同富裕不断迈进；坚持和发展马克思主义关于人与自然关系的思想，坚持人与自然和谐共生，牢固树立和切实践行绿水青山就是金山银山的理念，走出一条生产发展、生活富裕、生态良好的文明发展道路；坚持和发展马克思主义关于世界历史的思想，高举多边主义旗帜，开创中国特色大国外交格局，同各国人民一道努力构建人类命运共同体；坚持和发展马克思主义关于马克思主义政党建设的思想，不忘初心、牢记使命，统揽"四个伟大"，坚持把党的政治建设摆在首位，增强"四个意识"、坚定"四个自信"、做到"两个维护"，不断提高政治判断力、政治领悟力、政治执行力，把党建设成为始终走在时代前列、人民衷心拥护、勇于自我革命、经得起各种风浪考验、朝气蓬勃的马克思主义执政党。正因为对马克思主义在当代发展作出全方位的原创性贡献，习近平新时代中国特色社会主义思想成为当代中国马克思主义、二十一世纪马克思主义。

人民至上

中国共产党之所以有力量，之所以能够创造经济快速发展奇迹和社会长期稳定奇迹，创造消除绝对贫困的人间奇迹，最重要的原因是始终坚持以人民为中心的发展思想，始终不忘为中国人民谋幸福、为中华民族谋复兴的初心使命。中国共产党的百年历史，就是一部践行党的初心使命的历史，就是一部党与人民心连心、同呼吸、共命运的历史。

习近平新时代中国特色社会主义思想，坚持历史唯物主义根本观点，坚持人民至上，坚持一切为了人民、一切依靠人民，始终把人民放在心中最高位置，把人民对美好生活的向往作为奋斗目标，推动改革发展成果更多更公平惠及全体人民，推动共同富裕取得更为明显的实质性进展。这一思想强调加强党对一切工作的领导、确保党始终成为坚强领导核心，必须始终坚持全心全意为人民服务的根本宗旨，确保党是中国工人阶级的先锋队，同时是中国人民和中华民族的先锋队，凝聚起14亿多中国人民推动中华民族伟大复兴的磅礴力量；强调始终保持党同人民群众的血肉联系，坚持群众观点和群众路线。江山就是人民，人民就是江山，人心向背关系党的生死存亡。赢得人民信任，得到人民支持，党就能够克服任何困难，就能够无往而不胜。

坚持人民至上，是习近平新时代中国特色社会主义思想的鲜明特征和理论品格，也是我们党的光荣传统和政治优势。这是由党的性质和宗旨决定的，也符合马克思主义所揭示的人类社会发展规律。人民是历史的真正主人，是推动历史前进的主体力量。进入新时代，社会主要矛盾发生转化，人民对美好生活的向往更加强烈，期盼有更好的教育、更稳定的工作、更满意的收入、更可靠的社会保障、更高水平的医疗卫生服务、更舒适的居住条件、更优美的环境、更丰富的精神文化生活，期盼孩子们能成长得更好、工作得更好、生活得更好。习近平总书记指出，人民对美好生活的向往就是我们的奋斗目标，并以"我将无我，不负人民"的精神境界与工作状态，践行对人民的一项项庄严承诺。回望上下五千年，波澜壮阔的中华民族发展史是中国人民书写的，博大精深的中华文明是中国人民创造的，历久弥新的中华民族精神是中国人民培育的，中华民族迎来了从站起来、富起来到强起来的伟大飞跃是中国人民奋斗出来的。只要深刻认识人民群众是历史发展和社会进步的主体力量，紧紧依靠人民创造历史伟业,任何艰难险阻都可以战胜,任何力量都阻止不了中国共产党和中国人民的前进步伐。

《人民日报》(2021年4月28日)

★ 拓展阅读

真理伟力的秘诀所在

习近平新时代中国特色社会主义思想之所以具有强大的真理伟力，是因为它运用科学的思维方式、思想方法研究解决当代中国问题，蕴含着分析判断形势、研究谋划发展、有效推进工作的科学方法论。

一是战略思维。这主要表现为，站在时代前沿和战略全局的高度观察、思考和处理问题，从政治上认识和判断形势，善于透过纷繁复杂的表面现象把握事物发展总体趋势和方向、把握事物本质和发展的内在规律，在把握战略全局中推进各项工作。党的十八大以来，习近平总书记胸怀中华民族伟大复兴的战略全局和世界百年未有之大变局"两个大局"，统揽伟大斗争、伟大工程、伟大事业、伟大梦想，统筹推进"五位一体"总体布局、协调推进"四个全面"战略布局，运用审大势、观大局、抓大事的宏大战略思维系统谋划党和国家各项事业，为中国特色社会主义伟大事业航船指明了正确前进方向。从战略上看清形势、看准问题，好比登高望远而"一览众山小"，就能掌握战略制高点。比如，加强党的全面领导、坚持全面从严治党，牵住了夺取新时代历史性成就、历史性变革的"牛鼻子"。又如，提出构建人类命运共同体、共建"一带一路"，不仅为解决当今人类问题提供了可行方案，而且占领了道义制高点。学懂弄通做实习近平新时代中国特色社会主义思想，就要强化战略思维，培养战略眼光，把握发展大势，自觉在大局下想问题，统筹兼顾做好工作。

二是辩证思维。这主要表现为，注重一分为二看问题，正确分析矛盾，抓主要矛盾和矛盾的主要方面，把握矛盾的对立统一关系；善于以联系的、发展的观点谋划经济社会发展，注重从系统论出发优化经济社会治理方式，综合考虑各方面因素，把握问题的关联性、整体性，在多重目标中寻求动态平衡、实现系统优化、形成部门和政策合力。例如，系统把握经济社会发展核心要素之间的相互联系，提出创新、协调、绿色、开放、共享的新发展理念；正确处理改革发展稳定的关系，确立稳中求进工作总基调；根据经济社会发展阶段性特征，提出推进高质量发展目标要求；顺应供给和需求关系的深刻变化，把推进供给侧结构性改革作为经济发展和经济工作的主线；科学把握产业体系、市场体系、收入分配体系、城乡区域发展体系、绿色发展体系、全面开放体系之间的内在联系，作出建设现代化经济体系的重大战略决策；统揽发展问题和安全问题、外部安全和内部安全、国土安全和国民安全、传统安全和非传统安全、自身安全和共同安全等各方面关系，提出总体国家安全观；坚持改革重点突破和系统集成、加强顶层设计与尊重基层首创相结合，强调增强改革的系统性、整体性、协同性；等等。所有这些，都是习近平总书记运用辩证思维认识当代中国问题得出的科学结论，对经济社会发展具有长远指导意义。学懂弄通做实习近平新时代中国特色社会主义思想，就要树立辩证思维，做到客观地而不是主观地、发展地而不是静止地、全面地而不是片面地、系统地而不是零散地、普遍联系地而不是孤立地观察事物、分析问题、解决问题，善于把握本质、抓住关键、找准重点、洞察事物发展规律。

三是创新思维。这个问题与"实事求是、与时俱进的理论品格"本质上是一致的。学懂弄通做实习近平新时代中国特色社会主义思想，就要坚持创新思维，坚持解放思想、实事求是、与时俱进、求真务实的思想路线，把习近平总书记提出的一系列具有开创性、变革性意义的新理念新思想新战略领会深领悟透，坚持勇于变革、勇于创新，破除因循守旧、惯性思维，思想和行动都要跟上时代步伐，不能身子进了新时代，脑袋还停留在过去，看问题、作决策、推工作还是老观念、老套路、老办法，不能做"不知有汉，无论魏晋"的桃花源中人。

四是底线思维。习近平总书记反复强调增强忧患意识、增强底线思维，指出"凡事从最坏处着眼、向最好处努力，打有准备、有把握之仗，牢牢把握工作主动权，着力防范化解重大风险"。党的十八大以来，习近平总书记几乎逢会必讲防范风险，提醒全党同志注重防范化解政治、经济、金融、国家主权、意识形态、网络安全、公共安全、社会稳定、生态环境、自然灾害等各领域重大风险。在新进中央委员会的委员、候补委员和省部级主要领导干部学习贯彻习近平新时代中国特色社会主义思想和党的十九大精神研讨班上,从8个方面列举了16个需要高度重视的重大风险,要求一以贯之防范风险挑战,"越是取得成绩的时候,越是要有如履薄冰的谨慎,越是要有居安思危的忧患,绝不能犯战略性、颠覆性错误"。在省部级主要领导干部坚持底线思维着力防范化解重大风险专题研讨班上,又对当前党和国家面临的重大风险进行了系统梳理和深入剖析。在2020年底召开的中央经济工作会议上,强调强化风险意识、守住风险底线,保持对潜在风险的警惕性和紧迫感,主动出手,坚决驯服"灰犀牛"问题,全面防范"黑天鹅"事件,用大概率思维应对小概率事件,牢牢守住不发生系统性风险的底线。这些重要论述,都体现出了清醒的底线思维和居安思危的忧患意识。学懂弄通做实习近平新时代中国特色社会主义思想,就要坚持底线思维,始终保持忧患意识、清醒头脑,居安思危、未雨绸缪、防患未然,下好先手棋、打好主动仗,做好应对各种形式的矛盾风险挑战的准备,坚决守住不发生重大风险的底线。

五是历史思维。历史是最好的教科书。习近平总书记注重从历史、现实、未来的贯通中把握历史规律和发展趋势,联系5000多年中华文明史来思考中华民族的前途命运,联系500多年世界社会主义发展史来认识社会主义运动的前进方向,联系中国近代以来170多年奋斗史来理解中华民族伟大复兴的正确道路,联系100多年革命、建设和改革的历程来把握党的历史方位和历史使命,表现出"思接千载,视通万里"的历史思维。曾有美国媒体对中西方领导人进行比较说:西方领导人只考虑眼前一两年,最长不过5年,而习近平的维度是50年、100年,甚至200年。确实如此,提出"两个一百年"奋斗目标、实现中华民族伟大复兴的中国梦,着眼点都是中华民族的长远发展;提出改革开放前后"两个30年"互不否定、"世界百年未有之大变局"等论断,体现的也是历史眼光、历史思维。学懂弄通做实习近平新时代中国特色社会主义思想,就要加强对党和国家历史的学习,善于用历史眼光、历史思维分析问题、谋划工作,"瞻前顾后",避免重复历史错误,增强思维和工作的前瞻性。

六是法治思维。这主要表现为,大力倡导并亲自推进全面依法治国,高度重视党内法规建设,高度重视党和国家制度建设,充分体现强烈的法治思维。全面依法治国是国家治理领域一场广泛而深刻的革命,必须坚持依法治国、依法执政、依法行政共同推进,坚持法治国家、法治政府、法治社会一体建设,坚持依法治国与依规治党有机统一,建设中国特色社会主义法治体系,把国家各项事业和各项工作纳入法治轨道。同时,大力推进组织制度、干部制度、纪检监察制度等党的建设制度改革。习近平总书记亲自领导制定的《中共中央关于坚持和完善中国特色社会主义制度、推进国家治理体系和治理能力现代化若干重大问题的决定》,在党的历史上第一次描绘了中国特色社会主义制度的图谱,明确必须坚持和完善的一系列根本制度、基本制度和重要制度,在推进国家制度更加成熟、更加定型上迈出了历史性步伐。这里体现的制度思维,也属于广义的法治思维。学懂弄通做实习近平新时代中国特色社会主义思想,就要坚持法治思维,增强法治素养,善于运用法治思维和法治方式深化改革、推动发展、化解矛盾、维护稳定、应对风险;强化制度思维,增强制度素养,提高坚持制度的定力、完善制度的能力、执行制度的效力、维护制度的合力。

> 理论自信

指明中国式现代化道路的新图景

习近平新时代中国特色社会主义思想深刻回答建设什么样的社会主义现代化强国、怎样建设社会主义现代化强国的重大时代课题,进一步指明了中国式现代化道路的新图景。

现代化是人类社会发展的大趋势,但世界上不存在定于一尊的现代化模式,不存在放之四海而皆准的现代化标准。鸦片战争后,中国人民和无数仁人志士不屈不挠,苦苦寻求中国现代化之路。新中国成立后,我们党孜孜以求,带领人民对中国现代化建设进行了艰辛探索,为实现"四个现代化"目标进行了不懈奋斗。改革开放后,我们按照"三步走"发展战略不断推进社会主义现代化进程,先后实现了解决人民温饱问题、人民生活总体上达到小康水平的发展目标,又经过本世纪头二十年的努力实现了全面建成小康社会目标。

综合分析国际国内形势和我国发展条件，习近平总书记在党的十九大上对实现第二个百年奋斗目标作出分两个阶段推进的战略安排，提出到2035年基本实现社会主义现代化，到本世纪中叶把我国建成富强民主文明和谐美丽的社会主义现代化强国。基于对人类社会发展规律的深刻认识和对我国国情的科学把握，习近平总书记指出，我们所推进的现代化，既有各国现代化的共同特征，更有基于国情的中国特色，我国现代化是人口规模巨大的现代化，是全体人民共同富裕的现代化，是物质文明和精神文明相协调的现代化，是人与自然和谐共生的现代化，是走和平发展道路的现代化，要坚定不移推进中国式现代化，以中国式现代化推进中华民族伟大复兴，不断为人类作出新的更大贡献。

围绕全面建成社会主义现代化强国这一总目标，习近平总书记还提出建设科技强国、制造强国、质量强国、网络强国、交通强国、数字中国，建成文化强国、教育强国、人才强国、体育强国、健康中国等目标；提出坚持以人民为中心的发展思想，推动人的全面发展、全体人民共同富裕取得更为明显的实质性进展；提出立足新发展阶段、贯彻新发展理念、构建新发展格局、推动高质量发展，统筹发展和安全；等等。

这些重要思想，科学总结了我们党关于社会主义现代化建设的宝贵经验，积极借鉴了世界其他国家现代化建设的经验教训，深刻回答了建设什么样的社会主义现代化强国、怎样建设社会主义现代化强国的重大时代课题，深化拓展了建设社会主义现代化强国的科学内涵，明确了实现这一目标的路径选择、重要原则、战略安排，是引领我们实现第二个百年奋斗目标的科学指南和行动纲领。

展望本世纪中叶，我国十几亿人口将整体迈入现代化社会，将彻底改写现代化的世界版图，在人类历史上是一件有深远意义的大事。中国式现代化的理论和实践，创造了人类文明新形态，拓展了人类走向现代化的途径，给世界上那些既希望加快发展又希望保持自身独立性的国家和民族提供了全新选择，为解决人类重大问题贡献了中国智慧、中国方案、中国力量。

增强用党的创新理论武装全党的政治自觉

李君如

习近平总书记指出:"要在党史学习教育中做到学史明理,明理是增信、崇德、力行的前提。"中国共产党的历史,就是一部不断推进马克思主义中国化的历史,就是一部不断推进理论创新、进行理论创造的历史。学史明理,需要通过党史学习教育进一步感悟思想伟力,增强用党的创新理论武装全党的政治自觉。

感悟马克思主义的真理力量和实践力量

习近平总书记强调:"要教育引导全党从党的非凡历程中领会马克思主义是如何深刻改变中国、改变世界的,感悟马克思主义的真理力量和实践力量"。中国共产党历经千辛万苦,经过不懈奋斗,创造了辉煌业绩。我们党创造的每一个辉煌,都离不开马克思主义的科学指引，离不开马克思主义的思想伟力。学史明理，就要明马克思主义之"理"，感悟马克思主义的真理力量和实践力量。

十月革命一声炮响，给中国送来了马克思列宁主义，给苦苦探寻救亡图存出路的中国人民指明了前进方向、提供了全新选择。毛泽东同志指出："自从中国人学会了马克思列宁主义以后，中国人在精神上就由被动转入主动。"这一"由被动转入主动"的第一步，是马克思主义在中国的传播，是五四爱国运动的爆发，是中国工人阶级作为独立政治力量登上历史舞台。在中国人精神上"由被动转入主动"过程中发生的这些大事，最后汇聚成一个"开天辟地的大事变"：中国共产党在马克思列宁主义与中国工人运动相结合的进程中应运而生。

马克思主义在中国广泛传播，激活了中华民族在漫长历史进程中创造的伟大文明，使中华文明再次迸发出强大精神力量。中华民族是一个拥有勤劳质朴的人民和悠久历史文化传统的民族，在历史上曾长期走在世界前列，但近代以后却遭受了几乎亡国灭种的灾难。究其主要原因，既有西方列强的入侵，也有封建统治的腐朽。这就决定了谋求民族独立和人民解放、实现国家富强和人民幸福是中华民族面对的两大历史任务。完成这样的历史任务，好比一场大考。辛亥革命之前，太平天国运动、洋务运动、戊戌变法、义和团运动、清末新政等都未能取得成功。辛亥革命之后，中国尝试过君主立宪制、议会制、多党制、总统制等各种形式，各种政治势力及其代表人物纷纷登场，都没能找到正确答案，都在这场大考中铩羽而归，唯有1921年成立的中国共产党取得了成功。这是因为，中国共产党掌握了马克思主义这一锐利思想武器，明确自己是中国工人阶级的先锋队，同时是中国人民和中华民族的先锋队，在坚持把马克思主义基本原理同中国具体实际相结合的进程中推进马克思主义中国化，团结动员中国人民，激活了中华民族这个古老民族内生的强大精神力量，改变了中国社会一盘散沙的局面，凝聚起亿万中国人民为民族复兴而不懈奋斗的强大力量。

中国共产党坚持以马克思主义为指导，始终秉持为中国人民谋幸福、为中华民族谋复兴的初心使命，使得日夜期盼改变自己命运的中国人民有了坚强领导核心。我们党的百年历史，就是一部践行党的初心使命的历史，就是一部党与人民心连心、同呼吸、共命运的历史。为中国人民谋幸福、为中华民族谋复兴的初心使命，是党的性质宗旨、理想信念和奋斗目标的集中体现。无论处于顺境还是逆境，我们党始终以无私无畏的博大胸怀和坚持真理、修正错误的科学精神，矢志践行初心使命，并以"愚公移山"的模范行动感动人民大众，团结带领中国人民不懈奋斗，中华民族迎来了从站起来、富起来到强起来的伟大飞跃。

实践证明，马克思主义是我们认识世界、把握规律、追求真理、改造世界的强大思想武器，为中国革命、建设、改革提供了强大思想武器，使中国这个古老的东方大国创造了人类历史上前所未有的发展奇迹。马克思主义的命运早已同中国共产党的命运、中国人民的命运、中华民族的命运紧紧连在一起，它的科学性和真理性在中国得到了充分检验，它的人民性和实践性在中国得到了充分贯彻，它的开放性和时代性在中国得到了充分彰显。马克思主义是我们党和国家必须始终坚持的指导思想。坚持以马克思主义为指导，我们就能形成强大精神力量，就能创造伟大奇迹。

系统学习掌握马克思主义中国化成果

理论来源于实践，又在实践中丰富和发展。马克思主义这一认识论原理也适用于马克思主义自身。马克思主义深刻改变了中国，中国革命、建设、改革也极大丰富了马克思主义。我们党在坚持和发展马克思主义的实践中深刻认识到：理论的生命力在于创新，必须不断推进马克思主义中国化，不断开辟马克思主义新境界。

不断推进马克思主义中国化，是党的理论创新的主旨。中国共产党人在实践中认识到，马克思主义的"本本"是要学习的，但是必须同中国具体实际相结合。毛泽东同志指出："我们需要'本本'，但是一定要纠正脱离实际情况的本本主义。"经过遵义会议、取得长征胜利后，从思想理论特别是哲学上总结党内长期存在的教条主义历史教训，并在同抗日战争初期王明教条主义的斗争中，毛泽东同志在1938年召开的党的扩大的六届六中全会上提出了马克思主义中国化的命题。这是我们党在思想理论上的伟大觉醒，为党既坚持马克思主义又发展马克思主义指明了方向。

中国共产党人是彻底的辩证唯物论者，深刻懂得"实践、认识、再实践、再认识，这种形式，循环往复以至无穷，而实践和认识之每一循环的内容，都比较地进到了高一级的程度"。毛泽东同志在领导我国社会主义建设之初提出马克思主义要和中国实际"第二次结合",就是基于这样的认识。实践是不断发展的。我们党在实践创新和理论创新中解决了历史问题后,又会面临新的时代课题。要不断解决新的时代课题,必须不停顿地推进实践创新和理论创新。马克思主义要在我们党带领中国人民所进行的伟大实践中丰富和发展,马克思主义中国化成果也要在我们党带领中国人民所进行的伟大实践中丰富和发展。在团结带领中国人民进行革命、建设、改革的伟大实践中,我们党不断推进马克思主义中国化,产生了毛泽东思想、邓小平理论、"三个代表"重要思想、科学发展观,产生了习近平新时代中国特色社会主义思想,为党和人民事业发展提供了科学理论指导。

中国共产党之所以历经百年风雨依然风华正茂,一个重要原因就在于不断推进理论创新。需要指出的是,我们党的理论创新从来没有脱离过马克思主义的基本原则及其发展方向,而是始终坚持马克思主义中国化的正确方向。习近平总书记指出:"一百年来,我们党坚持解放思想和实事求是相统一、培元固本和守正创新相统一,不断开辟马克思主义新境界"。理论的生命力在于创新,指的是解放思想和实事求是相统一、培元固本和守正创新相统一的理论创新。开展党史学习教育,需要深化对中国化马克思主义既一脉相承又与时俱进的理论品质的认识,系统学习掌握马克思主义中国化成果。

学懂弄通做实习近平新时代中国特色社会主义思想

习近平总书记强调:"要结合党的十八大以来党和国家事业取得

历史性成就、发生历史性变革的进程，深刻学习领会新时代党的创新理论，坚持不懈用党的创新理论最新成果武装头脑、指导实践、推动工作。"开展党史学习教育，一个重要目的在于通过学习党史这部最生动、最有说服力的教科书，增强用党的创新理论武装全党的政治自觉，坚持不懈用党的创新理论最新成果武装头脑、指导实践、推动工作。学史明理，就要以高度政治自觉学懂弄通做实习近平新时代中国特色社会主义思想。

习近平新时代中国特色社会主义思想是当代中国马克思主义、21世纪马克思主义，是马克思主义中国化最新成果。要坚持读原著、学原文、悟原理，结合党的十八大以来我们应对世界百年未有之大变局、推进中华民族伟大复兴的奋进历程，结合个人的工作和思想实际，深入学习领会习近平新时代中国特色社会主义思想的核心要义、精神实质、丰富内涵、实践要求，深刻认识体悟这一思想秉持人民至上、彰显历史自觉、坚持实事求是、突出问题导向、强化战略思维、发扬斗争精神，是坚持运用辩证唯物主义和历史唯物主义的光辉典范，做到知其言更知其义，做到知其然、知其所以然、知其所以必然。

习近平新时代中国特色社会主义思想与时俱进发展马克思主义，开辟了马克思主义新境界。要把学习习近平新时代中国特色社会主义思想同学习马克思主义基本原理贯通起来，同学习党史、新中国史、改革开放史、社会主义发展史贯通起来，同全党全国各族人民在新时代各行各业进行的丰富实践贯通起来，深刻领会这一思想的时代意义、理论意义、实践意义、世界意义，不断增进政治认同、思想认同、理论认同、情感认同，增强"四个意识"、坚定"四个自信"、做到"两个维护"，不断提高政治判断力、政治领悟力、政治执行力，始终在思想上政治上行动上同以习近平同志为核心的党中央保持高度一致。

习近平新时代中国特色社会主义思想是全党全国各族人民为实现中华民族伟大复兴而奋斗的行动指南。要把党史学习、理论学习同总结经验、观照现实、推动工作结合起来，更加自觉用这一思想指导解决实际问题，把学习成效转化为工作动力和实效。引导广大党员干部加深对党的历史的理解和把握，加深对党的理论的认识和理解，做到知行合一，切实提高把握大局大势、应对风险挑战、推进实际工作的能力和水平。坚持以习近平新时代中国特色社会主义思想为指导，践行初心和使命，不断提振信心和斗志，凝聚智慧和力量，为全面建成社会主义现代化强国、实现中华民族伟大复兴的中国梦不懈奋斗。

《人民日报》(2021 年 4 月 30 日)

★ **拓展阅读**

坚持不懈推动构建人类命运共同体

构建人类命运共同体是马克思主义中国化时代化的最新成果之一，科学回答了"世界向何处去、人类怎么办"的时代之问，体现了全人类共同价值追求，反映了中国发展与世界发展的高度统一，对中国和平发展、世界繁荣进步都具有重大而深远的意义。它具有鲜明的真理性、时代性、实践性，是习近平新时代中国特色社会主义思想和习近平外交思想的重要组成部分，是一个立意高远、思想深邃、内涵丰富的科学理论体系，展现了胸怀天下、面向未来，大道之行、天下为公的宽阔胸襟。

构建人类命运共同体不仅写入党的十九大报告，载入党章和宪法，而且多次写入联合国、上海合作组织等多边机制重要文件，反映了各国人民的共同心声，凝聚着国际社会的广泛共识，其深远影响正在持续扩大，并将随着中国和世界的发展进一步彰显。在新的历史起点上，我们要坚持不懈推动构建人类命运共同体，为服务中华民族伟大复兴、促进人类进步不断作出新的更大贡献。

坚持独立自主的和平外交政策，推动构建新型国际关系。始终不渝走和平发展道路、奉行互利共赢的开放战略，坚定维护国际关系基本准则，维护国际公平正义。坚持主权平等原则，各国主权和领土完整不容侵犯，各国自主选择社会制度和发展道路的权利应当得到维护。坚持相互尊重、平等协商，以对话弥合分歧，以谈判化解争端，坚决反对动辄使用武力或以武力威胁处理国际争端，坚决反对打着所谓"民主""自由""人权"等幌子肆意干涉别国内政。高举和平、发展、合作、共赢旗帜，反对一切形式的霸权主义、强权政治，推动各国共同走和平发展道路，走对话而不对抗、结伴而不结盟的国与国交往新路。

推进合作共赢开放体系建设，以中国的新发展为世界提供新机遇。坚持立足新发展阶段、贯彻新发展理念、构建新发展格局、推动高质量发展，以推进开放合作助力建设高水平开放型经济新体制。进一步深化改革、扩大开放，坚持创新驱动发展，积极优化营商环境，推动国内国际双循环相互促进。以高质量共建"一带一路"为重点，同各方一道打造国际合作新平台，为世界共同发展增添新动力。深化多双边和区域经贸合作，构建面向全球的高标准自贸区网络。支持开放、透明、包容、非歧视的多边贸易体制，维护全球产业链供应链安全稳定开放，引导经济全球化正确发展方向。加强国际宏观经济政策协调，保持连续性、稳定性、可持续性，构建更加平等均衡的全球发展伙伴关系。

以系统观念深化完善全方位外交布局，与世界各国发展友好合作。立足扩大同各国利益交汇点，坚持在和平共处五项原则基础上广交朋友，巩固深化以平等、开放、合作为特征的全球伙伴关系网络。推进大国协调与合作，构建总体稳定、均衡发展的大国关系框架。深入发展中俄新时代全面战略协作伙伴关系。敦促美方同中方相向而行，尊重彼此核心关切，妥善管控分歧，加强对话合作，共同推动中美关系健康稳定发展。推动中欧关系把握和平共处、开放合作、多边主义、对话协调大方向。按照亲诚惠容理念和与邻为善、以邻为伴周边外交方针，深化同周边国家关系。秉持正确义利观和真实亲诚理念，不断增强同发展中国家团结合作。

坚定捍卫国家主权、安全、发展利益，为中华民族伟大复兴保驾护航。深刻认识错综复杂的国际环境带来的新矛盾新挑战，坚持底线思维、增强忧患意识、发扬斗争精神，贯彻总体国家安全观，坚决维护国家核心和重大利益。把政治安全放在首要位置，坚决捍卫中国共产党的领导和中国特色社会主义制度，坚决捍卫国家政权安全和制度安全。坚定维护国家领土主权和海洋权益，不断巩固国际社会坚持一个中国原则的格局，有力回击外部势力干涉我国内政、损害我国利益的行径。妥善应对经贸摩擦和各种形式的保护主义，维护经济、金融、网络、生物等领域安全，防范和抵御外部风险冲击。坚持以人民为中心理念，践行外交为民宗旨，维护海外中国公民和企业正当权益，构建海外中国平安体系。

坚持不懈推动完善全球治理，共同践行真正的多边主义。坚定维护以联合国为核心的国际体系，推动联合国成为各国共同维护普遍安全、共同分享发展成果、共同掌握世界命运的核心平台。致力于稳定国际秩序，大力倡导国际关系民主化法治化，坚持各国平等参与决策、享受权利、履行义务，确保国际法统一适用，反对双重标准和例外主义。坚持多边主义的核心价值和基本原则，在广泛协商、凝聚共识的基础上改革和完善全球治理体系，反对以多边主义之名行单边主义之实。支持上海合作组织、金砖国家、二十国集团、亚太经合组织等多边机制发挥应有作用。建设性参与和引领全球治理规则制定，积极推动国际气候变化合作，参与网络、深海、极地、外空等国际治理，贡献更多中国方案。

积极倡导文明交流互鉴，建设开放包容、美美与共的世界。坚持世界是丰富多彩的、文明是多样的理念，倡导平等、互鉴、对话、包容的文明观，坚持和而不同，加强对外交流和文明对话，促进世界各国的相互理解与信任。弘扬和平、发展、公平、正义、民主、自由的全人类共同价值，秉持平等和尊重，摒弃傲慢和偏见，反对冷战思维、以意识形态划线、搞零和博弈。以兼收并蓄的态度，积极学习借鉴人类文明的一切有益成果，坚决反对"教师爷"般颐指气使的说教。加强和改进国际传播，深入开展各种形式的人文交流活动，展示真实、立体、全面的中国，塑造可信、可爱、可敬的中国形象，增进我国同各国民心相通，为推动构建人类命运共同体作出积极贡献。

>> 理论自信

指引开辟管党治党、兴党强党的新境界

习近平新时代中国特色社会主义思想,深刻回答建设什么样的长期执政的马克思主义政党、怎样建设长期执政的马克思主义政党的重大时代课题,指引开辟了管党治党、兴党强党的新境界。

中国共产党是一个善于领导社会革命的党,更是一个勇于进行自我革命的党。从革命战争年代起,我们就把党的建设作为一项伟大工程来推进,保持和发展了党的先进性和纯洁性,为胜利推进革命、建设、改革事业提供了坚强政治保证。中国特色社会主义进入新时代,决胜全面建成小康社会的艰巨任务、实现中华民族伟大复兴的历史使命,对我们党提出了前所未有的新挑战新要求,党面临的"四大考验"是长期的、复杂的,面临的"四种危险"是尖锐的、严峻的。

以习近平同志为核心的党中央深入分析党面临的重大风险考验和党内存在的突出问题，深刻回答了建设什么样的长期执政的马克思主义政党、怎样建设长期执政的马克思主义政党的重大时代课题。针对党内存在的对坚持党的领导认识模糊、行动乏力问题和落实党的领导弱化、虚化、淡化、边缘化问题，习近平总书记旗帜鲜明指出，中国共产党是最高政治领导力量，必须坚持和加强党的全面领导，全党要增强"四个意识"、坚定"四个自信"、做到"两个维护"。针对一度出现的管党不力、治党不严问题，习近平总书记强调打铁必须自身硬，办好中国的事情，关键在党，关键在党要管党、全面从严治党，明确全面从严治党战略方针，提出新时代党的建设总要求，强调以党的政治建设为统领，全面推进党的政治建设、思想建设、组织建设、作风建设、纪律建设，把制度建设贯穿其中，深入推进反腐败斗争，落实管党治党政治责任，以伟大自我革命引领伟大社会革命。

在习近平新时代中国特色社会主义思想指引下，党的十八大以来，党中央以坚强的决心、空前的力度推进全面从严治党，切实加强党的领导和党的建设。从强化"四个意识"、坚决维护党中央权威到健全党的领导制度体系，从制定实施中央八项规定改进作风到构建行之有效的权力监督制约制度和执纪执法体系，从反腐败无禁区、全覆盖、零容忍到一体推进不敢腐、不能腐、不想腐，从开展党的群众路线教育实践活动到开展党史学习教育，从严格规范党内政治生活到着力营造山清水秀的政治生态，全面从严治党不断向纵深发展。经过不懈努力，我们党在刮骨疗毒中解决了自身在政治、思想、组织、作风、纪律等方面存在的一系列突出问题，党中央权威和集中统一领导得到有力保证，党的自我净化、自我完善、自我革新、自我提高能力显著增强，管党治党宽松软状况得到根本扭转，反腐败斗争取得压倒性胜利并全面巩固，消除了党、国家、军队内部存在的严重隐患，党在革命性锻造中更加坚强。

习近平新时代中国特色社会主义思想，坚持马克思主义建党学说，继承和发扬我们党加强党的建设的宝贵经验，把党的建设新的伟大工程推进到新阶段，大大增强了从严管党治党的系统性、预见性、创造性、实效性，彰显了中国共产党人彻底的自我革命精神，探索出一条长期执政条件下解决自身问题、跳出历史周期率的成功道路。

不断推动中国特色社会主义创新发展

何毅亭

习近平总书记在庆祝中国共产党成立100周年大会上的重要讲话中指出:"新的征程上,我们必须坚持马克思列宁主义、毛泽东思想、邓小平理论、'三个代表'重要思想、科学发展观,全面贯彻新时代中国特色社会主义思想,坚持把马克思主义基本原理同中国具体实际相结合、同中华优秀传统文化相结合,用马克思主义观察时代、把握时代、引领时代,继续发展当代中国马克思主义、21世纪马克思主义!"习近平新时代中国特色社会主义思想立足新时代这个历史方位,聚焦新时代坚持和发展什么样的中国特色社会主义、怎样坚持和发展中国特色社会主义这一时代课题,以一系列新理念新思想新战略丰富和发展了马克思列宁主义、毛泽东思想、邓小平理论、"三个代表"重要思想、科学发展观,是马克思主义中国化最新成果,是当代中国马克思主义、21世纪马克思主义。习近平总书记作为这一思想的主要创立者,从理论和实践结合上对中国特色社会主义作出了全方位、多角度、体系化、系统化的重大创新发展。

在中国特色社会主义的领导力量上,创造性提出坚持和加强党的全面领导、推进党的自我革命,丰富和发展了马克思主义建党学说。习近平总书记指出:中国共产党领导是中国特色社会主义最本质的特征,是中国特色社会主义制度的最大优势。党政军民学,东西南北中,党是领导一切的。在进行社会革命的同时不断进行自我革命,是我们党区别于其他政党最显著的标志,也是我们党不断从胜利走向新的胜利的关键所在。全面从严治党永远在路上,要全面贯彻新时代党的建设总要求,不断提高党的建设质量,把党建设成为始终走在时代前列、人民衷心拥护、勇于自我革命、经得起各种风浪考验、朝气蓬勃的马克思主义执政党。习近平总书记的重要论述,坚持思想建党和制度建党相贯通,科学回答了新时代坚持党的领导、加强党的建设一系列重大问题,丰富和发展了马克思主义建党学说。

在中国特色社会主义的根本立场上,创造性提出以人民为中心的发展思想,把人民对美好生活的向往作为党的奋斗目标,不断促进人的全面发展,最终实现全体人民共同富裕,丰富和发展了马克思主义人民观。习近平总书记指出:党性和人民性从来都是一致的、统一的。我们党干革命、搞建设、抓改革,都是为了让人民过上幸福生活。共同富裕是中国特色社会主义的根本原则,实现共同富裕是我们党的重要使命。要让发展成果更多更公平惠及全体人民,不断促进人的全面发展,朝着实现全体人民共同富裕不断迈进。江山就是人民，人民就是江山，人心向背关系党的生死存亡。赢得人民信任，得到人民支持，党就能够克服任何困难，就能够无往而不胜。习近平总书记的重要论述，深刻阐明人民性这一马克思主义最鲜明的品格，充分体现了社会主义的本质要求，确立起新时代中国共产党人的人民观。

在中国特色社会主义的战略目标上，创造性提出实现中华民族伟大复兴的中国梦，明确全面建成社会主义现代化强国的战略安排，为新时代坚持和发展中国特色社会主义注入崭新内涵。习近平总书记指出：实现中华民族伟大复兴是近代以来中华民族最伟大的梦想。中国共产党一经成立，就把实现共产主义作为党的最高理想和最终目标，义无反顾肩负起实现中华民族伟大复兴的历史使命，团结带领人民进行了艰苦卓绝的斗争，谱写了气吞山河的壮丽史诗。建立中国共产党、成立中华人民共和国、推进改革开放和中国特色社会主义事业，是五四运动以来我国发生的三大历史性事件，是近代以来实现中华民族伟大复兴的三大里程碑。今天，我们比历史上任何时期都更接近中华民族伟大复兴的目标，比历史上任何时期都更有信心、有能力实现这个目标。中华民族伟大复兴绝不是轻轻松松、敲锣打鼓就能实现的，越是取得成绩的时候，越是要有如履薄冰的谨慎，越是要有居安思危的忧患，绝不能犯战略性、颠覆性错误，重点要防控那些可能迟滞或中断中华民族伟大复兴进程的全局性风险。习近平总书记的重要论述，把实现中华民族伟大复兴和实现社会主义现代化统一起来，深刻阐明中华民族伟大复兴的科学内涵、历史方位、实践要求，科学回答了实现什么样的民族复兴、怎样实现民族复兴的重大历史性课题，在世界社会主义发展史上具有开创性意义。

在中国特色社会主义的发展阶段上，创造性提出进入新发展阶段的战略判断，明确了全党工作的战略重点和主攻方向，丰富和发展了社会主义初级阶段理论。习近平总书记指出：新发展阶段是社会主义初级阶段中的一个阶段，同时是其中经过几十年积累、站到了新的起点上的一个阶段。社会主义初级阶段不是一个静态、一成不变、停滞不前的阶段，也不是一个自发、被动、不用费多大气力自然而然就可以跨过的阶段，而是一个动态、积极有为、始终洋溢着蓬勃生机活力的过程，是一个阶梯式递进、不断发展进步、日益接近质的飞跃的量的积累和发展变化的过程。全面建设社会主义现代化国家、基本实现社会主义现代化，既是社会主义初级阶段我国发展的要求，也是我国社会主义从初级阶段向更高阶段迈进的要求。习近平总书记的重要论述，深刻阐明了新发展阶段在我国社会主义发展进程中的历史地位，科学揭示了我们的一切工作既不能脱离社会主义初级阶段这个最大国情，又要立足长期积累的雄厚基础、向更高阶段乘势而进的道理，是对社会主义初级阶段理论的丰富和发展。

在中国特色社会主义的整体部署上，创造性提出统筹推进"五位一体"总体布局、协调推进"四个全面"战略布局，丰富和发展了我国改革开放和社会主义现代化建设的顶层设计。习近平总书记指出：党的十八大以来，我们党形成并积极推进经济建设、政治建设、文化建设、社会建设、生态文明建设五位一体的总体布局，形成并积极推进全面建成小康社会（全面建设社会主义现代化国家）、全面深化改革、全面依法治国、全面从严治党的战略布局。"五位一体"和"四个全面"相互促进、统筹联动，要协调贯彻好，在推动经济发展的基础上，建设社会主义市场经济、民主政治、先进文化、和谐社会、生态文明，协同推进人民富裕、国家强盛、中国美丽。习近平总书记的重要论述，从全局高度确立了新时代坚持和发展中国特色社会主义的战略规划和战略部署，确立了新时代党和国家各项工作的战略目标和战略举措，确立了党在新时代的治国理政方略，丰富和发展了我国改革开放和社会主义现代化建设的顶层设计。

在中国特色社会主义的发展方式上，创造性提出立足新发展阶段、贯彻新发展理念、构建新发展格局、推动高质量发展，丰富和发展了马克思主义政治经济学。习近平总书记指出：我们党领导人民治国理政，很重要的一个方面就是要回答好实现什么样的发展、怎样实现发展这个重大问题。新时代新阶段的发展必须贯彻新发展理念，必须是高质量发展。我国经济已由高速增长阶段转向高质量发展阶段。市场配置资源是最有效率的形式，市场决定资源配置是市场经济的一般规律，要使市场在资源配置中起决定性作用、更好发挥政府作用。要推进供给侧结构性改革，建设现代化经济体系，构建以国内大循环为主体、国内国际双循环相互促进的新发展格局。习近平总书记的重要论述，深刻回答了新时代我国发展的目的、动力、方式、路径等一系列重大理论和实践问题，阐明了我们党关于发展的政治立场、价值导向和发展模式、发展道路等重大政治问题，是中国特色社会主义政治经济学的最新成果，进一步深化和拓展了我们党对社会主义建设规律的认识。

在中国特色社会主义的发展动力上，创造性提出以完善和发展中国特色社会主义制度、推进国家治理体系和治理能力现代化为全面深化改革的总目标，丰富和发展了马克思主义国家治理学说。习近平总书记指出：新时代谋划全面深化改革，必须以坚持和完善中国特色社会主义制度、推进国家治理体系和治理能力现代化为主轴，深刻把握我国发展要求和时代潮流，把制度建设和治理能力建设摆到更加突出的位置，继续深化各领域各方面体制机制改革，推动各方面制度更加成熟更加定型，推进国家治理体系和治理能力现代化。制度建设和治理能力建设的目标是：到2035年，"各方面制度更加完善，国家治理体系和治理能力现代化基本实现"；到本世纪中叶，"实现国家治理体系和治理能力现代化"。习近平总书记的重要论述，深刻回答了全面深化改革的政治方向、总体目标和重点领域，明确了国家治理体系和治理能力现代化的时间表和路线图，实现了改革理论和制度创新的重大突破。

在中国特色社会主义的安全保障上，创造性提出总体国家安全观和新时代的强军目标，优化政治建军、改革强军、科技强军、人才强军、依法治军的强军布局，丰富和发展了马克思主义国家学说和军事学说。习近平总书记指出：统筹发展和安全，增强忧患意识，做到居安思危，是我们党治国理政的一个重大原则。当前我国国家安全内涵和外延比历史上任何时候都要丰富，时空领域比历史上任何时候都要宽广，内外因素比历史上任何时候都要复杂，必须坚持总体国家安全观，以人民安全为宗旨，以政治安全为根本，以经济安全为基础，以军事、文化、社会安全为保障，以促进国际安全为依托，走出一条中国特色国家安全道路。要统筹外部安全和内部安全、国土安全和国民安全、传统安全和非传统安全、自身安全和共同安全，完善国家安全制度体系，加强国家安全能力建设，坚决维护国家主权、安全、发展利益。强国必须强军，军强才能国安。党在新时代的强军目标是建设一支听党指挥、能打胜仗、作风优良的人民军队，把人民军队建设成为世界一流军队。习近平总书记的重要论述，科学回答了中国这样一个社会主义大国建设什么样的国家安全、怎样建设国家安全，建设一支什么样的强大人民军队、怎样建设强大人民军队的时代问题，把我们党对共产党执政规律和社会主义建设规律的认识提升到新的高度。

在中国特色社会主义的外部条件上，创造性提出以推动构建新型国际关系、推动构建人类命运共同体为目标方向，推动建设持久和平、普遍安全、共同繁荣、开放包容、清洁美丽的世界，丰富和发展了马克思主义世界历史理论。习近平总书记指出：和平与发展仍然是当今时代主题。要推动建设相互尊重、公平正义、合作共赢的新型国际关系，打造人类命运共同体。各国应该坚持人类优先的理念，推动经济全球化朝着更加开放、包容、普惠、平衡、共赢的方向发展，推动全球治理体系朝着更加公正合理的方向发展。文明因多样而交流，因交流而互鉴，因互鉴而发展，要以文明交流超越文明隔阂、以文明互鉴超越文明冲突、以文明共存超越文明优越。习近平总书记的重要论述，深刻阐明了人类社会发展的历史趋势、时代潮流和未来走向，科学回答了在世界百年未有之大变局中人类社会何去何从的重大理论和现实问题，成为中国引领时代潮流和人类文明进步的鲜明旗帜，标志着我们党对人类社会发展规律的认识达到了新境界。

习近平新时代中国特色社会主义思想，深刻体现中国特色社会主义道路、理论、制度、文化的内在统一，深刻反映中国特色社会主义理论逻辑、历史逻辑、实践逻辑的有机统一，对马克思主义哲学、政治经济学、科学社会主义作出重大创新发展，开辟了马克思主义中国化新境界。在习近平新时代中国特色社会主义思想指引下，中国特色社会主义事业取得举世瞩目的伟大成就，中国特色社会主义道路越走越宽广，使世界上正视和相信马克思主义、社会主义的人多了起来，使世界范围内两种意识形态、两种社会制度的历史演进及其较量发生了有利于马克思主义、社会主义的深刻转变，使中国特色社会主义这面旗帜在当今世界更加鲜艳夺目，成为21世纪科学社会主义发展的旗帜。

《人民日报》（2021年7月26日）

★ 拓展阅读

超越现代西方环境理论的重大思想

习近平生态文明思想以一系列新思想新理念新观点对新时代我国生态文明建设进行顶层设计和全面部署,从本体论、认识论、方法论等多个维度超越了现代西方环境理论,为我国生态文明建设和全球环境治理提供了强有力的思想武器。

马克思主义认为"人靠自然界生活",人类善待自然,自然也会馈赠人类,但"如果说人靠科学和创造性天才征服了自然力,那么自然力也对人进行报复"。习近平总书记提出的"人与自然是生命共同体"理念,科学运用系统科学理论看待和分析生态环境保护问题,指出山水林田湖草是一个生命共同体,人的命脉在田,田的命脉在水,水的命脉在山,山的命脉在土,土的命脉在林和草,强调这个生命共同体是人类生存发展的物质基础。生态是统一的自然系统,是相互依存、紧密联系的有机链条,人类是在同自然的互动中生产、生活、发展的。人类对大自然的伤害最终会伤及人类自身,不能只讲索取不讲投入、只讲发展不讲保护、只讲利用不讲修复，必须敬畏自然、尊重自然、顺应自然、保护自然。"人与自然是生命共同体"理念，科学揭示了人与自然之间、自然物之间的辩证统一关系，从本体论层面回答了新时代我国生态文明建设的根据和价值等重要问题，实现了对现代西方环境理论的超越。

现代西方环境理论流派众多，对人与自然关系的解读观点纷杂。比如，人类中心论者强调人在生态文明建设中的主体地位，提出为了人类自身利益，人类应该保护大自然。但其理论大都过于强调人的利益，保护自然仅仅是服务于人的需要，未能从理论层面深刻揭示人与自然的内在有机联系。再如，自然中心论者试图从生态科学和系统科学等角度解释自然界不同物种之间的相互联系，但又片面强调自然生态系统中不同物种的平等权利，忽视了人在保护自然生态中的主体作用，甚至将人类社会发展与生态环境保护割裂开来、对立起来。总体而言，现代西方环境理论在保护自然生态环境的必要性问题上能够形成基本共识，但未能从本体论层面揭示人与自然的内在联系，也未能从历史和现实相结合的角度阐明为什么要保护生态环境、建设生态文明的问题，进而指出人与自然和谐共生之道。这导致其往往囿于学术层面的争论，难以在理论与实践互动中有效保护生态环境，真正推动生态文明建设。

习近平生态文明思想不仅从本体论层面深刻揭示了人与自然的关系，讲清楚了为什么要保护生态环境的问题，而且从认识论、方法论层面提出了"绿水青山就是金山银山"的重要理念，阐明了怎样在保护中发展、在发展中保护的问题，指明了实现人与自然和谐共生的路径和方法。

马克思主义认为自然资源作为劳动资料，是构成生产力的基本要素。在社会生产中，人和自然是同时起作用的，没有自然界、没有感性的外部世界，就什么也不能创造。在认识论层面，"绿水青山就是金山银山"的理念表明生态环境保护和经济发展不是矛盾对立的关系，而是辩证统一的关系。良好生态环境既是自然财富，也是经济财富，关系经济社会发展潜力和后劲。经济发展不是对资源和生态环境的竭泽而渔，生态环境保护也不应是舍弃经济发展的缘木求鱼。保护生态环境，就是保护自然价值和增值自然资本，就是保护经济社会发展的潜力和后劲。良好生态环境是最公平的公共产品，是最普惠的民生福祉，对于人的生存和发展来说，环境就是民生，青山就是美丽，蓝天也是幸福。在方法论层面，"绿水青山就是金山银山"的理念要求正确处理好经济发展和生态环境保护的关系，坚定不移保护绿水青山这个"金饭碗"，利用自然优势发展特色产业，在山水上做文章、在生态上下功夫，壮大"美丽经济"。通过改革创新，让土地、劳动力、资产、自然风光等资源要素活起来，把绿水青山蕴含的生态产品价值转化为金山银山。"绿水青山就是金山银山"的理念深刻揭示了保护生态环境就是保护生产力、改善生态环境就是发展生产力的道理，指明了发展和保护协同共生的新路径。

受本体论层面缺陷的影响，现代西方环境理论在经济社会发展和生态环境保护、保护自然和利用自然等方面大多持非此即彼、二元对立的观点。比如，自然中心论者认为自然具有与人类平等的道德地位和道德权利，应当受到人类平等对待，差别对待自然与差别对待人类成员一样，是不道德的行为。他们认为，人类对自然资源的开发和利用，不可避免会造成生态环境问题，因而把经济社会发展和生态环境保护看作不可兼得的"鱼"与"熊掌"。在自然中心论者看来，人类没有权利干预和利用自然，也不能干预和利用自然，从而也就无法保护自然。更有极端的观点认为，人类应当通过"让位"给自然"回归"自然，想要保护生态环境就必须放弃发展，退回原始的"自然"状态。按照这种观点，如果不放弃发展，就意味着生态环境问题无解。再如，持技术中心论的西方学者认为，既然生态环境问题源于人类对自然不当的开发和利用，那么生态环境问题就是一个方式方法层面的技术问题；随着现代科学技术手段的发展，生态环境问题就会迎刃而解。这种观点只是从技术层面，而没有从认识论的高度正确看待和分析发展与保护的关系，其主张单纯靠技术发展解决生态环境问题，在实践中只能是重蹈先污染后治理的老路。

习近平生态文明思想站在构建人类命运共同体的高度，提出生态文明建设关乎人类未来，建设绿色家园是人类的共同梦想，保护生态环境、应对气候变化需要世界各国同舟共济、共同努力，任何一国都无法置身事外、独善其身。这从全球生态文明建设和生态环境治理的维度超越了现代西方环境理论。

习近平总书记指出："国际社会要加强合作，心往一处想、劲往一处使，共建地球生命共同体。"面对生态环境挑战，我国秉持人类命运共同体理念，坚决维护多边主义，建设性参与全球环境治理，主张加快构筑尊崇自然、绿色发展的生态体系，将生态文明领域合作作为共建"一带一路"重点内容,发起一系列绿色行动倡议,采取绿色基建、绿色能源、绿色交通、绿色金融等一系列举措,推动共同构建地球生命共同体,共同建设清洁美丽的世界。从非洲的气候遥感卫星,到东南亚的低碳示范区,再到小岛国的节能灯,我国应对气候变化南南合作成果看得见、摸得着、有实效。我国宣布将力争于2030年前实现二氧化碳排放达到峰值、2060年前实现碳中和,这意味着我国作为世界上最大的发展中国家,将完成全球最大碳排放强度降幅,用全球历史上最短的时间实现从碳达峰到碳中和。承诺实现从碳达峰到碳中和的时间远远短于发达国家,充分体现了我国对于推动构建人类命运共同体和实现人类可持续发展的责任担当。

一些西方国家奉行单边主义,在全球生态环境建设中有利则合、无利则弃,在节能减排等问题上避重就轻,在资金、技术上对发展中国家的援助"缺斤少两"、口惠而实不至,动辄以"退群""甩锅"推卸责任。一些西方环境生态学者出于本国利益,片面强调"平等"而忽视公平,为个别发达国家推卸对气候变化应负的历史责任提供辩护。当然,也有一些西方环境生态学者意识到全球生态环境建设的重要性,呼吁加强各国在全球生态环境治理中的合作,加强对发展中国家在技术和资金等方面的支持力度。但受种种因素制约,这部分学者的意见难以转化为具有操作性和实际影响力的全球生态环境治理行动方案。

在习近平生态文明思想指引下,在理论与实践的良性互动中,我国坚持生态优先,走绿色低碳的发展道路,积极主动承担同自身国情相符的国际责任,在推进自身绿色低碳转型发展的同时,不断推动应对气候变化领域的国际合作,在全球气候治理中着力发挥建设性作用,为实现全球可持续发展贡献了中国智慧和中国方案。这些努力和成就充分表明,我国是全球生态文明建设的参与者、贡献者、引领者。

> 理论自信

时代呼唤　历史选择　民心所向

确立习近平同志党中央的核心、全党的核心地位,是时代呼唤、历史选择、民心所向,使全党有了定盘星、全国人民有了主心骨,引领中华"复兴"号巨轮行稳致远。

党的团结统一,是党的生命所在,是党能够成为百年大党、创造千秋伟业的关键所在。船重千钧,掌舵一人。一个有着9500多万党员的大党、有着56个民族和14亿多人口的大国,如果党中央没有核心、全党没有核心,就容易软弱涣散,什么事也办不成。党中央有核心、全党有核心,才能把全党牢固凝聚起来,进而把全国各族人民紧密团结起来,形成万众一心、无坚不摧的磅礴力量。

从理论上看,一个国家、一个政党,领导核心至关重要。翻开马克思主义、世界社会主义发展史,维护党的权威和党的领袖的权威,始终是马克思主义政党一条基本原则,也是被无产阶级斗争实践所证明的宝贵经验。在马克思、恩格斯看来,领袖权威对无产阶级政党建设具有重要作用。列宁特别强调党的杰出领袖对党的意志统一的决定性作用:"造就一批有经验、有极高威望的党的领袖是一件长期的艰难的事情。但是做不到这一点,无产阶级专政、无产阶级的'意志统一'就只能是一句空话。"

从历史上看,在实践中形成坚强的中央领导集体并维护这个集体的权威,对我们这样的大党、大国尤为重要。遵义会议前,由于没有形成成熟的党中央,导致党的事业几经挫折,甚至面临失败危险。遵义会议确立了毛泽东同志在红军和党中央的领导地位,我们党开始形成坚强的领导核心,从此中国革命便焕然一新。毛泽东同志形象地比喻说,"一个桃子剖开来有几个核心吗?只有一个核心",强调"要建立领导核心,反对'一国三公'"。邓小平同志指出:"任何一个领导集体都要有一个核心,没有核心的领导是靠不住的。"1994 年 9 月,党的十四届四中全会通过《中共中央关于加强党的建设几个重大问题的决定》,在党的重要文件中首次论述建立党的领导核心的极端重要性:"党的历史表明,必须有一个在实践中形成的坚强的中央领导集体,在这个领导集体中必须有一个核心。如果没有这样的领导集体和核心,党的事业就不能胜利。"

从现实看，党的十八大以来，中国特色社会主义进入新时代。党面临的主要任务是，实现第一个百年奋斗目标，开启实现第二个百年奋斗目标新征程，朝着实现中华民族伟大复兴的宏伟目标继续前进。在世界格局深刻调整、国际竞争日趋激烈的时代条件下，在国内改革全面深化、发展全面推进的重要时期，党内"四大考验""四种危险"现实地摆在面前，治国理政担子之重、难度之大超乎想象。实现历史使命、战胜风险挑战，我们比任何时候都更需要一个坚强的领导核心。

"我将无我，不负人民。"习近平总书记以深厚人民情怀、卓越政治智慧、强烈使命担当，带领全党全国人民发扬伟大的历史主动精神，开创中国特色社会主义新时代，推动党和国家事业取得历史性成就、发生历史性变革，在中华大地全面建成小康社会，成为众望所归、当之无愧的党的核心、人民领袖、军队统帅。

党的十八届六中全会明确习近平同志为党中央的核心、全党的核心，正式提出"以习近平同志为核心的党中央"并写入全会文件；党的十九大将习近平总书记党中央的核心、全党的核心地位写入党章；党的十九届六中全会全面总结党的百年奋斗重大成就和历史经验，进一步阐明这一重大历史结论、重要政治判断，符合全党全军全国人民的共同愿望，是时代呼唤、历史选择、民心所向。

当前,"两个大局"相互交织、激荡,党正带领人民进行具有许多新的历史特点的伟大斗争,形势环境变化之快、改革发展稳定任务之重、矛盾风险挑战之多、对党治国理政考验之大,前所未有。踏上新的赶考路,坚定拥护和维护习近平总书记的核心地位,全党就有定盘星,全国人民就有主心骨,中华"复兴"号巨轮就有掌舵者,面对惊涛骇浪就能够做到"任凭风浪起、稳坐钓鱼船"。

深刻认识"两个确立"的重大意义

马建堂

党的十九届六中全会通过的《中共中央关于党的百年奋斗重大成就和历史经验的决议》(以下简称《决议》)指出:"党确立习近平同志党中央的核心、全党的核心地位,确立习近平新时代中国特色社会主义思想的指导地位,反映了全党全军全国各族人民共同心愿,对新时代党和国家事业发展、对推进中华民族伟大复兴历史进程具有决定性意义。""两个确立"为进行伟大斗争、建设伟大工程、推进伟大事业、实现伟大梦想培根铸魂、凝心聚力,是夺取新征程新胜利的根本保证。

"两个确立"反映了全党全军全国各族人民共同心愿，必将为实现中华民族伟大复兴提供更为坚强的政治保证

确立习近平同志党中央的核心、全党的核心地位，确立习近平新时代中国特色社会主义思想的指导地位，是时代呼唤、历史选择、民心所向。

党的十八大以来，以习近平同志为核心的党中央团结带领全党全国各族人民开创了中国特色社会主义新时代，推动中华民族伟大复兴进入了不可逆转的历史进程。在推进新时代中国特色社会主义事业的砥砺奋进中，面对民族复兴征程上"船到中流浪更急、人到半山路更陡"的各种风险挑战，习近平总书记充分展现了马克思主义政治家的恢宏气魄、远见卓识、雄韬伟略，充分展现了大党大国领袖的政治智慧、战略定力、使命担当、为民情怀、领导艺术，赢得全党全军全国各族人民的衷心爱戴和高度信赖。以习近平同志为主要代表的中国共产党人，创立了习近平新时代中国特色社会主义思想，成功实现了马克思主义中国化新的飞跃，彰显了科学理论对伟大实践的引领作用，使当代中国马克思主义放射出更加耀眼的真理光芒。

习近平新时代中国特色社会主义思想具有强大的真理力量、实践力量、精神力量，极大增强了中国共产党和中国人民应对重大挑战、抵御重大风险、克服重大阻力、解决重大矛盾的能力。在习近平新时代中国特色社会主义思想引领下，我们解决了许多长期想解决而没有解决的难题，办成了许多过去想办而没有办成

的大事，推动党和国家事业取得历史性成就、发生历史性变革，为实现中华民族伟大复兴提供了更为完善的制度保证、更为坚实的物质基础、更为主动的精神力量，中华民族迎来了从站起来、富起来到强起来的伟大飞跃。

"两个确立"是时代、历史和人民的共同选择、郑重选择、必然选择，是党和国家之幸、人民之幸、中华民族之幸，必将以强大的号召力、坚定的推动力、坚实的保障力，为中华民族复兴伟业提供更为坚强的政治保证。

"两个确立"体现了我们党在指导思想上的与时俱进，必将为实现中华民族伟大复兴提供更为强大的思想指引

马克思主义是我们立党立国、兴党强国的根本指导思想。马克思主义理论不是教条而是行动指南，必须随着实践发展而发展，必须中国化才能落地生根、本土化才能深入人心。我们党的历史是一部推进马克思主义中国化、不断丰富和发展马克思主义的历史，也是一部运用马克思主义理论认识和改造中国的历史。一百年来，我们党坚持把马克思主义基本原理同中国具体实际相结合、同中华优秀传统文化相结合，创立了毛泽东思想、邓小平理论，形成了"三个代表"重要思想、科学发展观，创立了习近平新时代中国特色社会主义思想，指导党和人民事业不断开创新局面。

党的十八大以来，以习近平同志为核心的党中央统筹把握中华民族伟大复兴战略全局和世界百年未有之大变局，以伟大的历史主

动精神、巨大的政治勇气、强烈的责任担当，统揽伟大斗争、伟大工程、伟大事业、伟大梦想，团结带领全党全军全国各族人民创造了新时代中国特色社会主义的伟大成就。习近平总书记对关系新时代党和国家事业发展的一系列重大理论和实践问题进行了深邃思考和科学判断，就新时代坚持和发展什么样的中国特色社会主义、怎样坚持和发展中国特色社会主义，建设什么样的社会主义现代化强国、怎样建设社会主义现代化强国，建设什么样的长期执政的马克思主义政党、怎样建设长期执政的马克思主义政党等重大时代课题，提出一系列原创性的治国理政新理念新思想新战略，是习近平新时代中国特色社会主义思想的主要创立者。《决议》用"十个明确"对习近平新时代中国特色社会主义思想的核心内容作了进一步概括。这些战略思想和创新理念，是党对中国特色社会主义建设规律认识深化和理论创新的重大成果。实践充分证明，习近平新时代中国特色社会主义思想是当代中国马克思主义、二十一世纪马克思主义，是中华文化和中国精神的时代精华，实现了马克思主义中国化新的飞跃。

在向第二个百年奋斗目标迈进的重大历史关头，《决议》提出"两个确立"，是深刻总结党的百年奋斗、党的十八大以来伟大实践得出的重大历史结论，体现全党共同意志、反映人民共同心声，指引我们不断提高政治判断力、政治领悟力、政治执行力，切实用马克思主义立场观点方法观察时代、把握时代、引领时代，为坚持正确航向、推进民族复兴伟业提供了坚实思想基础和科学行动指南。

"两个确立"展现了我们党推进新时代党和人民事业伟大实践的历史担当,必将为实现中华民族伟大复兴汇聚更为磅礴的奋进力量

我们党自诞生之日起,就把为中国人民谋幸福、为中华民族谋复兴确立为自己的初心和使命。一百年来,我们党团结带领人民不懈奋斗、不断进取,成功开辟了实现中华民族伟大复兴的正确道路。中国从四分五裂、一盘散沙到高度统一、民族大团结,从积贫积弱、一穷二白到全面小康、繁荣富强,从被动挨打、饱受欺凌到独立自主、坚定自信,仅用几十年时间就走完发达国家几百年走过的工业化历程,创造了经济快速发展和社会长期稳定两大奇迹,走出了一条中国特色社会主义康庄大道,中国人民对美好生活的向往不断变为现实。

我们党领导的革命、建设、改革伟大实践,是一个接续奋斗的历史过程,是一项救国兴国强国、进而实现中华民族伟大复兴的宏伟事业。在我们党成立一百周年的重要历史时刻,党的十九届六中全会强调"两个确立",充分体现了我们党对中国特色社会主义建设规律的深刻认识和把握,必将确保我们党更好团结带领人民在民族复兴新征程上创造新的历史伟业。习近平总书记指出:"中华民族伟大复兴,绝不是轻轻松松、敲锣打鼓就能实现的。全党必须准备付出更为艰巨、更为艰苦的努力。"前进路上,国际形势风云变幻、外部环境错综复杂,单边主义、保护主义、霸权主义不断抬头,各种"黑天鹅""灰犀牛"事件时有发生,各种可以预见和难以预见的风

险挑战层出不穷,需要我们进行具有许多新的历史特点的伟大斗争。

新征程上,我们要深刻认识"两个确立"对新时代党和国家事业发展、对推进中华民族伟大复兴历史进程的决定性意义,坚定远大之志、激发进取之心、砥砺担当之勇,准确识变、科学应变、主动求变,不断增强战胜各种风险挑战的勇气、智慧和能力,不断破解发展难题、增强发展动力、厚植发展优势,努力画出实现中华民族伟大复兴的最大同心圆,巩固实现中华民族伟大复兴的最大公约数。

"两个确立"宣示了我们党牢记初心使命、永葆生机活力的坚定决心,必将为实现中华民族伟大复兴提供更为强大的组织优势

一百年来,我们党坚持性质宗旨,坚定理想信念,坚守初心使命,勇于自我革命,取得革命、建设、改革一系列伟大胜利。其中,最重要的一条经验就是确保党始终成为领导伟大事业的核心力量,确保党中央、全党始终拥有坚强领导核心。

一个国家、一个政党,领导核心至关重要。全党有核心,党中央才有权威,党才有力量。党中央的权威和集中统一领导,关乎党的创造力、凝聚力、战斗力,关乎党的事业兴衰成败,关乎党的生死存亡。党的十八大以来,以习近平同志为核心的党中央总揽全局、协调各方,开创了中国特色社会主义新时代,推动中华民族伟大复兴进入了不可逆转的历史进程。党的十九届六中全会以《决议》的

形式进一步阐明"两个确立"这一重大历史结论、重大政治判断,进一步强调党中央集中统一领导是党的领导的最高原则,进一步彰显了党的领导这一中国特色社会主义最本质的特征、中国特色社会主义制度的最大优势,对于把我们党团结凝聚成"一块坚硬的钢铁",心往一处想、劲往一处使,团结一致向前进,具有十分重大而深远的政治意义和历史意义。

"雄关漫道真如铁,而今迈步从头越。"新的征程上,只要我们坚持好、维护好"两个确立",就一定能够牢记初心使命、永葆生机活力,不断把党和人民事业推向前进;一定能够确保党在新时代坚持和发展中国特色社会主义的历史进程中始终成为坚强领导核心;一定能够坚定走好新的赶考之路,全面建成社会主义现代化强国,实现中华民族伟大复兴。

《人民日报》(2021 年 11 月 26 日)

★ 拓展阅读

继续推进马克思主义中国化

习近平总书记指出:"马克思主义中国化取得了重大成果,但还远未结束。"马克思主义中国化只有随着时代的发展而发展,才能不断增强生命力和战斗力,才能指导党和国家事业不断取得新胜利。新的征程上,以史为鉴、开创未来,必须继续推进马克思主义中国化,用马克思主义观察时代、把握时代、引领时代,继续发展当代中国马克思主义、二十一世纪马克思主义。

在学懂弄通做实习近平新时代中国特色社会主义思想中,继续推进马克思主义中国化。习近平新时代中国特色社会主义思想是新时代中国共产党的思想旗帜,是国家政治生活和社会生活的根本指针。继续推进马克思主义中国化,必须把学懂弄通做实习近平新时代中国特色社会主义思想作为一项长期政治任务,切实用以武装头脑、指导实践、推动工作。学懂,就是要坚持读原著、学原文、悟原理,深刻认识这一思想的时代意义、理论意义、实践意义、世界意义，深刻理解这一思想的核心要义、精神实质、丰富内涵、实践要求，深刻把握贯穿其中的马克思主义立场观点方法；弄通，就是要把学习领会这一思想同学习马克思主义基本原理贯通起来，同学习党史、新中国史、改革开放史、社会主义发展史贯通起来，同新时代进行伟大斗争、建设伟大工程、推进伟大事业、实现伟大梦想的丰富实践贯通起来，准确把握其理论逻辑、历史逻辑、实践逻辑；做实，就是要坚持理论联系实际的学风，坚持问题导向、实践导向、需求导向，紧密结合新时代新实践新要求，紧密结合思想和工作实际，更加自觉用这一思想指导解决实际问题，切实把学习成效转化为做好本职工作、推动事业发展的生动实践。

在全面建设社会主义现代化国家的伟大实践中，继续推进马克思主义中国化。中国特色社会主义进入新时代，习近平总书记创造性地提出分两步走全面建设社会主义现代化国家：第一步，从2020年到2035年，奋斗15年，基本实现社会主义现代化；第二步，从2035年到本世纪中叶，再奋斗15年，把我国建成富强民主文明和谐美丽的社会主义现代化强国。"十四五"时期是我国开启全面建设社会主义现代化国家新征程、向第二个百年奋斗目标进军的第一个五年，必须立足新发展阶段、贯彻新发展理念、构建新发展格局、推动高质量发展。习近平总书记深刻阐述了把握新发展阶段、贯彻新发展理念、构建新发展格局、推动高质量发展的重大意义、丰富内涵，其中蕴含着马克思主义中国化的实践要求和方法论。实践是理论创新的源泉。随着全面建设社会主义现代化国家的伟大实践不断深入，马克思主义中国化必将不断取得新进展新成就。

在解决新的重大理论和实践问题中，继续推进马克思主义中国化。马克思指出，问题就是时代的口号，是它表现自己精神状态的最实际的呼声。强化问题意识、坚持问题导向，是我们党推进马克思主义中国化的重要方法之一。新的征程上，随着新使命的履行、新规划的实施、新实践的推进，在经济建设、政治建设、文化建设、社会建设、生态文明建设各领域和外交、军事、党的建设等各项工作中，都会出现一系列亟待解决的新的重大理论和实践问题。例如，社会思潮纷纭激荡，经济发展和社会建设所面临的深层次矛盾和问题层出不穷，党的建设所面对的形势也更为复杂。这些都是关系实现第二个百年奋斗目标的重大理论和实践问题，也是广大人民群众关注的热点难点问题，迫切需要我们坚持以习近平新时代中国特色社会主义思想为指导加强研究，努力探索解决重大问题的新思路、新举措、新办法，在破解重大理论和实践问题中继续推进马克思主义中国化，让党的理论创新成果更好引领时代、指导实践、解决实际问题。

在历史和现实、理论和实践、国内和国际的结合中，继续推进马克思主义中国化。习近平总书记指出："认识和把握我国社会发展的阶段性特征，要坚持辩证唯物主义和历史唯物主义的方法论，从历史和现实、理论和实践、国内和国际等的结合上进行思考"。新的征程上，继续推进马克思主义中国化，要坚持历史和现实相结合，把研究马克思主义中国化百年理论探索史同研究党的百年历史和开启全面建设社会主义现代化国家新征程紧密结合起来。当代中国正经历着我国历史上最为广泛而深刻的社会变革，也正在进行着人类历史上最为宏大而独特的实践创新。要把党的理论创新与实践创新紧密结合起来，不断在理论和实践上进行探索，用发展着的理论指导发展着的实践，推动马克思主义理论研究和建设工程取得更多更有价值的成果。坚持国内和国际相结合，既立足本国实际，又开门搞研究，围绕我国和世界发展面临的重大问题，以宽广视野深入分析当今世界的现实状况、变化趋势，着力提出能够体现中国立场、中国智慧、中国价值的理念、主张、方案。

在加快构建中国特色哲学社会科学中，继续推进马克思主义中国化。习近平总书记指出："没有18、19世纪欧洲哲学社会科学的发展，就没有马克思主义形成和发展。"继续推进马克思主义中国化，必须加快构建中国特色哲学社会科学。新的征程上，加快构建中国特色哲学社会科学，要坚持以习近平新时代中国特色社会主义思想为指导，坚持为人民服务、为社会主义服务方向，坚持百花齐放、百家争鸣方针，坚持创造性转化、创新性发展，深入研究回答我国发展和党执政面临的重大理论和实践问题，加强哲学社会科学的学科体系、学术体系、话语体系、教材体系、评价体系建设。以立德树人为根本任务，切实改进学风、文风，为培养哲学社会科学优秀人才、名师大家营造良好环境；创新和完善管理体制、运行机制，加强和改进党对哲学社会科学的领导。着力加强马克思主义学科建设，需要党政领导高度重视，管理部门大力支持，高等院校、研究机构重点部署，教学研究人员全心投入，共同为继续推进马克思主义中国化贡献智慧和力量，不断开创新时代哲学社会科学发展新局面。